WEICHENGNIANREN JIANCHA

未成年人检察

2024年第3辑 · 总第35辑

最高人民检察院未成年人检察厅/编

 中国检察出版社

图书在版编目（CIP）数据

未成年人检察.2024年．第3辑：总第35辑／最高人民检察院未成年人检察厅编．-- 北京：中国检察出版社，2024.12. -- ISBN 978-7-5102-3164-3

Ⅰ.D669.5

中国国家版本馆CIP数据核字第2025JJ3420号

未成年人检察（2024年第3辑）

最高人民检察院未成年人检察厅　编

责任编辑：杜英琴

技术编辑：王英英

美术编辑：徐嘉武

出版发行：中国检察出版社

社　　址：北京市石景山区香山南路109号（100144）

网　　址：中国检察出版社（www.zgjccbs.com）

编辑电话：（010）86423766

发行电话：（010）86423726　86423727　86423728

（010）86423730　86423732

经　　销：新华书店

印　　刷：北京联兴盛业印刷股份有限公司

开　　本：710 mm×960 mm　16开

印　　张：14

字　　数：179千字

版　　次：2024年12月第一版　　2024年12月第一次印刷

书　　号：ISBN 978-7-5102-3164-3

定　　价：60.00元

《未成年人检察》
编委会

目　录

特稿

优秀课题选编

工作研究

业务论坛

典型案例

办案札记

特　稿

编者按：最高人民检察院应勇检察长在2024年7月召开的大检察官研讨班上强调，基层检察院案多人少任务重，领导干部要带头办案，同时要下大气力推进一体履职、综合履职，让各项检察职能融合得更紧密。本文系在《人民检察》就如何理解适用"一体履职、综合履职"等问题邀请专家学者进行研讨交流的基础上编撰成文，其中最高人民检察院未成年人检察厅厅长缐杰的观点，对未检工作如何准确适用"一体履职、综合履职"具有指导和借鉴意义，因此本书作为"特稿"予以刊发，以期为全国未检人员提供参考。

以一体履职、综合履职推动检察业务融合发展

缐　杰　程　雷　刘　涛*

问题一：如何理解一体履职与综合履职？

人民检察：最高人民检察院检察长应勇指出，要推进一体履职、综合履职。那么，一体履职与综合履职之间是什么关系，对于推进检察工作现代化有何时代意义，司法实践中实现一体履职与综合履职面临哪些阻碍？

缐杰：根据我国《宪法》《人民检察院组织法》等法律规定，检察机关是我国的法律监督机关。上级检察院领导下级检察院的工作，

* 缐杰，最高人民检察院未成年人检察厅厅长；程雷，中国人民大学法学院教授、博士生导师；刘涛，最高人民检察院知识产权检察办公室综合协调处处长。

最高人民检察院领导地方各级检察院和专门检察院的工作。一体履职强调检察权统一对外行使，检察机关作为一个整体履行法律监督职责，保障法律统一正确实施，要求各级检察机关、各业务条线、院内各部门牢固树立“一盘棋”思想，推动纵向、横向、跨区域一体履职，不断增强法律监督的实力和合力。综合履职更加注重各项检察职能真正融合，追求更好的法律监督履职效果。司法的专业化发展加深了对各项检察业务相互融合的需求，要求批捕、起诉等各项检察职能协调互补，“四大检察”全面协调充分发展。检察机关在依法履行法定职责时，应遵循检察司法工作规律，高质效办好每一个案件，既抓末端、治已病，更注重抓前端、治未病，推进治罪与治理并重，实现社会综合治理。新时代未成年人保护工作面临新的复杂形势，对未成年人检察工作而言，深化一体履职、综合履职有利于加强未成年人综合司法保护，推动未成年人保护工作与时俱进，把“高质效办好每一个案件”的要求落实到依法惩治犯罪、帮扶教育挽救、犯罪预防保护等各方面，打好未成年人权益保护“组合拳”，不断推进未成年人检察工作高质量发展。当前，未成年人检察工作现状对标实现一体履职与综合履职，无论在工作理念、方法举措，还是制度机制、队伍素能等方面，都存在一定困境和难题，亟待着力破解和深入推进。

程雷：依法一体履职与综合履职各有侧重、相互补充，形成了一套完整的检察履职体系，共同推动检察工作的创新与发展。其中，一体履职强调检察工作的整体性，检察机关作为国家法律监督机关，履行宪法赋予的法律监督职责，各级检察机关和检察人员在履行职责时应上下联动、一体履职。综合履职要求检察机关在办案过程中，不仅要关注法律统一适用问题，还要综合考虑案件的社会影响，采取多种手段和方法，实现最佳办案效果。一体履职为综合履职提供组织保障和制度基础，综合履职为一体履职提供有效的工作途径。两种履职方式相互融合，在办理具体案件时，往往需要同时运用两种履职模式，从而确保案件能够得到公正、及时的处理。

一体履职与综合履职的提出，不仅体现了对检察工作规律的精准把握，也是推动检察工作现代化不可或缺的一环，更是全面贯彻习近平法治思想、服务保障中国式现代化建设的务实举措，有助于进一步提升检察工作的效能和质量，推动检察事业在新时代背景下实现高质量发展。尽管一体履职与综合履职对推动各项检察业务融合发展意义重大，但在其落地实施过程中仍需正视规范供给不足、制度衔接不畅、机制运行受阻以及环境复杂多变等多重挑战。因此，必须深入研究、积极探索，依法构建履职方式的新理念、新路径、新模式，推动“四大检察”全面协调充分发展，从而加快新时代检察工作的现代化步伐。

刘涛：新时代新征程上推动“四大检察”全面协调充分发展，须坚持依法一体履职与综合履职，真正做到既敢于监督、善于监督，又依法监督、规范监督。

一是厘清一体履职与综合履职的含义和深层次关系。一体履职要求检察机关作为一个整体履行法律监督职责，上级检察院加强对下指导，下级检察院坚决落实决策命令，共同推动案件办理和职责履行，其精神实质在于保障检察权的统一行使，契合检察机关上下级领导关系的宪法法律定位，对于强化法律监督、维护司法公正、提高办案质效具有重要意义。综合履职是检察履职理念、方式、体系的优化和发展，是检察工作现代化发展的实现路径，有其特殊要求和内涵。综合履职与检察业务专业化建设并不矛盾，并且是专业化建设的内在要求。例如，知识产权检察工作专业性强、技术门槛高，且往往刑事、民事、行政问题交织，需要统筹考虑。因此，推进知识产权检察综合履职是提升专业化水平的重要路径，是检察履职理念和实践持续深化的体现。从根本上讲，依法一体履职与综合履职都服务于“高质效办好每一个案件”的基本价值追求，二者相互联系、互为补充，缺一不可。

二是一体履职与综合履职对推进检察工作现代化具有时代意义。依法一体履职、综合履职是检察机关履职方式和体制机制的深刻变革，体制机制的现代化是推进检察工作现代化的关键所在。新时代新征程，人民群众对检察工作提出了更高要求，对公平正义更加关注。这就需要持续推进依法一体履职与综合履职，强化检察权运行制约监督，完善执法司法相互配合、相互制约机制建设，健全队伍管理，完善履职保障。

三是知识产权检察业务实现一体履职与综合履职面临一定阻碍。2021 年以来，最高检统筹推进全国知识产权检察综合履职工作，检察机关在人员专业化、职能综合化、办案多元化、机制系统化等方面取得了积极成效，综合履职进入了新的阶段。各地检察机关以知识产权职能整合为基础，做优知识产权综合保护。但也应当看到，知识产权检察工作仍然存在一些发展难题，如机制制度还不够完备，工作模式还需要进一步规范，专业化基础还需要进一步夯实等。从实践情况看，不少地方检察机关知识产权检察办公室的人员构成仍以刑事检察官为主，民事、行政、公益诉讼检察力量相对薄弱，履职中倾向刑事检察这一传统强项业务，其余检察业务发力不够充分。在推进“四大检察”深度融合、实现化学反应的过程中，还在一定程度上存在“形”到而“实”未到的现实困境。

问题二：如何树立“一盘棋”思想，强化依法一体履职机制，拓展法律监督？

人民检察：依法一体履职是指检察权统一对外行使，检察机关应当作为一个整体履行法律监督职责，保障法律统一正确实施。各级检察机关、各业务条线、院内各部门如何树牢“一盘棋”思想，在纵向、横向、跨区域一体履职机制上着力，从而不断增强法律监督的实力和合力，拓展法律监督的广度和深度？

综杰：就未成年人检察工作而言，实现依法一体履职，要求各级检察机关未成年人检察部门，坚持以习近平新时代中国特色社会主义思想为指导，深入贯彻习近平法治思想，聚焦法律监督主责主业，突出“高质效办好每一个案件”，深化未成年人“四大检察”综合履职，主动融入其他“五大保护”，大力加强未成年人综合司法保护，持续推动未成年人检察工作高质量发展。

一是提高政治站位，坚决扛起新时代未成年人检察工作的更重责任。牢固树立总体国家安全观，综合运用司法办案、法治教育、完善机制、协同共治等各项举措，着力预防和减少未成年人违法犯罪。二是聚焦主责主业，高质效办好每一个涉未成年人案件，高度重视未成年人犯罪预防和治理，做实“预防就是保护，惩治也是挽救”。坚持“教育、感化、挽救”方针和“教育为主、惩罚为辅”原则，认真落实未成年人刑事案件特别程序，依法惩戒和精准帮教涉罪未成年人。坚持“零容忍”态度，严惩暴力伤害、强奸、猥亵等侵害未成年人犯罪。加大司法救助力度，积极协调教育、卫健、民政、司法、行政等部门综合落实身体康复、经济帮扶、生活安置、法律援助、复学就业等多元救助。积极参与新时代学生心理健康工作专项行动，借助社会力量，加强对涉案未成年人的心理疏导和干预。三是深化未成年人综合司法保护。持续发挥未成年人检察业务集中统一办理以及未成年人检察工作贯穿未成年人司法保护全过程的独特优势，强化系统观念、整体思维，以“四大检察”高质效一体履职促进“六大保护”形成合力。

程雷：目前检察机关已经形成了“四大检察”基本格局。检察权具有整体性、不可分割性，尽管不同级别、条线、部门承担的具体职责任务各有侧重，但都统一于法律监督这一核心职能，服务于司法公正的共同目标，展现出强烈的融合发展需求。因此，一体履职就是要构建纵向紧密联动、横向贯通融合、跨区域协同的工作机制，持续巩固并增强法律监督的效能，拓展法律监督的广度和深度。

我国宪法规定了检察机关上级领导下级、下级服从上级的原则，为纵向一体履职提供了坚实的宪法支撑。上级检察院要加强对下级检察院工作的领导，下级检察院要坚决贯彻上级检察院的决策部署，确保检察工作上下贯通、步调一致。纵向一体履职的内涵也在新时代得到了深化和拓展，不仅限于上命下从，而是更突出检察机关上下级之间的联动与协同，打破地域与层级的壁垒。在重大、复杂和疑难案件的办理过程中，上级检察院应当发挥好关键作用，将服务保障与领导管理相结合，通过交办、督办、参办等形式促进案件办理，并在证据收集、法律适用、案件定性等方面提供支持，整合办案力量，确保案件办理质量。下级检察院应当严格落实请示报告制度，对于存在争议的抗诉案件，及时向上级检察院汇报，开展联合会商，提高抗诉的精准度和权威性。

实现横向一体履职机制需要检察机关强化信息共享、规范监督线索移送、推行联合办案模式，核心是加强同一检察院内部的检察业务衔接，形成紧密融合、高质合作的工作格局。一是加快实施数字检察战略，依托全国检察业务应用系统建立信息共享平台，打破部门间的信息壁垒，实现数据资源的互联互通。二是对于法律监督线索的发现、移送、处置要严格执行《人民检察院内部移送法律监督线索工作规定》，更好落实“在办案中监督，在监督中办案”。三是推行联合办案机制，针对行刑衔接、刑民交叉等案件，组建跨部门办案团队，以实现对同一不法行为进行全面评价。同时，深化研究侦查监督与协作配合办公室与刑事检察各部门间的协作模式，强化机动侦查、自行补充侦查以及司法工作人员相关职务犯罪侦查的一体化机制。

跨区域一体履职机制应紧密契合国家发展战略，提供坚实的检察保障，为大局服务。如围绕北京非首都功能的疏解和“新两翼”建设，检察机关要落实“检察护企”专项行动，持续做实各项检察为民实事，推动京津冀协同发展迈上新台阶；进一步加强区域司法交流协作，强化知识产权保护，护航粤港澳大湾区建设；等等。跨区域的协同治理离不开统一的法律适用标准，在针对跨地区犯罪的重点罪名制定有关办案标准时，应充分考虑实际情况和司法实践，确保标准的适用性、协调性。同时，应完善协助调查取证机制，坚决打击跨地区犯罪活动，维护社会公平正义和法治秩序。

刘涛： 依法一体履职要求检察机关作为一个整体履行法律监督职责，保障法律统一正确实施。知识产权检察部门应当树牢“一盘棋”思想，在纵向、横向、跨区域一体履职机制上着力，坚持以协同保护为抓手，发挥综合保护引领作用。在知识产权检察综合履职改革不断深化的背景下，重新审视并着力塑造知识产权检察依法一体履职机制，对于提升检察机关的法律监督效能十分必要。

针对知识产权案件产业化、链条化、跨区域的特征，检察机关应不断强化上级检察院统筹指导和跨区域检察协作，提升一体化履职水平。在纵向一体方面，最高检指导地方各级检察机关依法开展知识产权检察工作，组织办理、统筹推动专项行动开展和重大疑难案件办理。上级检察院根据工作实际，通过协调联动、案件指导等形式，整合办案力量，实现一体履职。知识产权检察工作在这方面成效显著。例如，某文化传媒公司假冒音乐电视作品著作权人提起恶意诉讼5800余件，最高检挂牌督办，指导广东、山东等9省市检察机关同步依法监督法院再审，批准逮捕5名犯罪嫌疑人，刑事惩治与民事监督一体推进，促进营造良好创新生态。在跨区域方面，最高检指导各省开展符合区域发展的检察协作探索，如长三角、京津冀、成渝、湘鄂赣等地区，在异地办案协作、社会综合治理等方面深度合作。例如，川渝检察机关共同构建涉知识产权检察协作机制，在线索移送、协助取证、合作培训等多方面开展合作。

加快形成具有知识产权检察特色的依法一体履职机制。知识产权具有明显的非物质性、专有性、地域性等特征，其本质是知识信息，兼具人身权和财产权属性，且其保护具有独特的要求。在当前的网络技术手段和物流交通背景下，信息的传播范围得到极大扩展，侵权犯罪方式也发生了很大变化，侵权行为发生地与侵权结果发生地在地域上出现分离，共同侵权犯罪、上下游产业化特征较为突出，对检察机关的履职方式提出新的要求。知识产权检察依法一体履职，强调检察机关内部、纵向、横向的资源和力量整合，以提升保护效果。检察机关必须考虑知识产权的权属特点、侵权特征，打通检察机关之间存在的地域区分和层级限制，有效应对知识产权侵权违法犯罪变化。

问题三：如何持续发挥依法综合履职作用，实现检察职能协调互补，避免各项职能简单组合？

人民检察：依法综合履职是指将各项检察职能真正融合，追求更好的履职效果。司法的专业化发展加深了对各项检察业务相互融合的需求，如何持续发挥综合履职作用，实现各项检察职能协调互补？履职过程中，如何防止将综合履职等同于各项检察职能简单组合、简单叠加？

线杰：深化未成年人检察依法综合履职，要求持续发挥未成年人检察业务集中统一办理优势，健全依法综合履职、全面保护工作模式，强化“四大检察”程序有序衔接、业务协调发展、工作贯通互融，逐步积累形成更加契合涉未成年人案件特点的多维度、集成式、系统化履职方式，全流程、全领域、全方位强化对未成年人的综合司法保护。

一是立足刑事检察职能，依法落实未成年人刑事案件特别程序，做好对涉罪未成年人的教育、感化、挽救，着力防止再犯。

二是发挥未成年人刑事检察对民事、行政和公益诉讼检察的支撑保障作用，加强未成年人羁押必要性审查、在押未成年人监管活动和未成年人社区矫正监督工作，注重在刑事诉讼全过程查找发现未成年人民事权益、行政权益和公共利益遭受侵害问题。结合刑事案件办理强化监护侵害和监护缺失监督，依法妥善进行监护干预和保护救助工作。

三是加强未成年人民事支持起诉工作，保障未成年人诉讼权利依法有效行使。加大对涉及未成年人监护、代理、抚养、收养、继承、教育等未成年人民事、行政生效裁判及审判和执行活动的监督力度，规范开展行刑双向衔接、促进行政争议实质性化解等工作，在办案中一并审查是否存在刑事犯罪线索，注重发现和挖掘未成年人权益遭受侵犯案件线索，全面综合保护未成年人合法权益。

四是突出未成年人保护检察公益诉讼的精准性和规范性，对于检察建议解决不了问题的，敢于通过诉的确认维护国家利益、社会公共利益和未成年人合法权益。

五是一体推进未成年人刑事、民事、行政、公益诉讼“四大检察”联动发力。通过加强对下指导、定期通报综合履职工作开展情况、制发典型案例、经验做法示范带动等方式，防止将综合履职等同于各项检察职能简单组合、叠加，更优实现各项未成年人检察职能的协调互补、统筹发力、握指成拳，切实提升未成年人检察综合履职质效，在预防未成年人违法犯罪、防止未成年人遭受不法侵害方面发挥更加积极的作用，用心用情用力护航未成年人健康安全成长。

程雷：要持续发挥依法综合履职作用，须依托知识产权检察、未成年人检察，健全特定领域依法综合履职机制。例如，以“四大检察”融合履职落实家庭、学校、社会、网络、政府、司法“六大保护”，推进未成年人案件“捕、诉、监、防、教”一体化办案模式，聚焦附条件不起诉制度、强制报告制度、未成年人家庭监护和家庭教育等实现综合司法保护，净化未成年人成长环境，以法治护航未成年人健康成长。通过检察履职建立知识产权综合保护机制，针对目前知识产权案件中大量存在的滥用诉权、恶意诉讼等不当行为，加大刑事追究的力度。同时，完善行政执法与刑事司法衔接机制，增强可操作性和流畅度。通过刑事附带民事诉讼和公益诉讼等，使受损权益得到恢复。

在常规案件中深化依法综合履职，理念上要树立系统观念，加强不同检察职能耦合、履职配合，注重整体办案效果。以侵犯公民个人信息案件为例，刑事检察部门应依法打击犯罪行为，追究犯罪分子的刑事责任。同时，公益诉讼检察部门应及时针对因信息泄露造成的社会公共利益损害问题提起公益诉讼，并通过制发检察建议督促有关部门履职尽责。值得注意的是，综合履职实际运行的效果在很大程度上受其他司法机关、行政机关的制约，因此综合履职机制的建立还应包括检察机关与其他司法机关、行政机关的有效协作。

综合履职绝非检察职能的堆砌，其既注重“四大检察”职能的深度融合，也致力于以案件办理为纽带，积极拓展检察职能，从而有效推动社会治理。综合履职要求检察人员具备卓越的专业素养、敏锐的洞察力和深远的全局视野，在面对错综复杂的案件信息时，除了梳理案件的关键信息和法律关系，还需捕捉法律监督、司法救助乃至行业治理的切入点，把案件办透。因此，需要加强检察人才培养，结合岗位的特点和要求，构建完善的培训体系，确保检察人员在专业素养、实践能力及创新思维等方面得到全面提升，以更好地胜任综合履职的重任。同时，建立科学有效的评估机制，定期对综合履职的成效进行客观评估，并根据评估结果及时调整策略和方法，以确保综合履职工作持续、科学发展。

刘涛：依法综合履职要求以高质效办好每一个案件为目标，将各项检察职能真正融合，提升整体效能。就知识产权检察而言，要持续发挥知识产权检察综合履职作用，须实现知识产权检察职能协调互补，防止将综合履职等同于检察职能简单组合、简单叠加。

一是系统推进知识产权“四大检察”全面协调发展。知识产权案件的一个重要特点，就是刑事、民事、行政交叉情况突出，有的还涉及国家利益和社会公共利益，具有系统性、综合性的司法保护需求。检察机关需要不断融合各项知识产权检察职能，才能更加强有力地融入知识产权全链条治理中，满足各方面、多形式、全方位的知识产权保护需求。具体而言，“四大检察”协调发展要求检察机关对于具体案件或者监督线索应当具备“一案四查”能力，对案件同时进行刑事、行政、民事、公益诉讼四个维度的审查和评判。如果需要履行四种检察职能中的两种及以上职能的，不再移送其他检察部门，而是由原来承办的检察官继续办理。在案件办理和问题分析、研究、解决的过程中，逐渐形成新的工作范式、机制，从而提升知识产权检察履职能力。

二是加强专业化办案组织建设，推动“四大检察”职能耦合。对于知识产权检察工作专业化而言，前期主要是解决各地知识产权检察办公室有没有的问题，后续的重点是要推动解决实质化运行、履职办案效果好不好的问题。从惩治恶意诉讼专项监督工作的经验看，依法综合履职程度更高的地方监督力度更大、效率更高、效果更佳。后续工作中，迫切需要持续推动专业化办案组织建设，整合原本分散的“四大检察”职能，择优选派刑事、民事、行政、公益诉讼业务骨干，推动检察理念、职能、机制有效融合。结合案件分布特点，重点推动知识产权司法保护需求强烈、办案量大的地方健全知识产权检察专门机构，充实人员力量，打造知识产权检察高地，引领和带动全国工作。在案件量相对较小的检察院，通过设置专业化办案组或者专门检察官负责的方式，实现综合履职。严格实行“一案四查”，综合履行刑事、民事、行政、公益诉讼检察职责，全面配置相应的检察权限，以“一竿子到底”的办案模式，实现“四大检察”职能耦合。

三是创新符合知识产权特点的办案模式。办理涉知识产权案件，需要根据此类案件特点，创新工作方式，完善工作机制。例如，在追诉犯罪的同时，通过开展刑事附带民事诉讼等方式支持权利人追究侵权民事责任，降低维权成本。积极践行新时代“枫桥经验”，加强释法说理，充分发挥社会调解组织作用，推动侵权人积极赔偿，促进矛盾纠纷尽早化解，提高追赃挽损比例。

优秀课题选编

督促监护令实施困境及解决思路：从立法、执行到监督的探讨

上海市奉贤区人民检察院课题组*

《民法典》以最有利于未成年人理念为指导，更加强调国家监护的作用，从多方面完善了照顾、教育和保护未成年人监护制度①，随着《家庭教育促进法》的正式实施，监护监督及家庭教育相关问题引发理论界、实务界广泛讨论。从司法实践来看，不良家庭教育环境、不当监护方式是未成年人走上违法犯罪道路或遭受不法侵害的重要因素。2021 年 6 月 1 日，最高检在总结各地司法实践经验做法的基础上，发布《关于在办理涉未成年人案件中开展“督促监护令”工作的意见》(以下简称《督促监护令意见》)，针对严重监护失职、未成年人遭受家庭暴力等问题，在全国范围内推行“督促监护令”。截至 2023 年 6 月 1 日，全国检察机关已受理撤销监护人资格支持起诉案件 400 余件，制发 7.6 万余份“督促监护令”②，旨在推动和解决涉案未成年人案件背后家庭监护不力这一难点问题，推动筑牢未

* 课题组成员：倪涉，上海市奉贤区人民检察院检察委员会专职委员；黄冰洁，上海市奉贤区人民检察院第一检察部检察官；刘艳，上海市奉贤区人民检察院第一检察部检察官助理。

① 王广聪：《未成年人监护监督法律体系解释》，载《国家检察官学院学报》2023 年第 1 期。

② 据最高人民检察院于 2023 年 6 月 1 日发布的《未成年人检察工作白皮书（2022）》披露，2022 年全国检察机关共制发“督促监护令”57425 份，同比上升 197.1%。其中，向未成年犯罪嫌疑人的监护人制发“督促监护令”43334 份，同比上升 193.7%；向未成年被害人的监护人制发“督促监护令”14091 份，同比上升 2.1 倍。

成年人家庭保护“防线”，更好地实现未成年人全面综合司法保护。相较于“撤销监护权”这一最严厉的监护干预措施而言，司法干预程度较低的“督促监护令”在实施过程中存在更多障碍，亟须进一步完善。

一、督促监护令的概念及立法依据

（一）督促监护令的概念厘定

“督促监护令”指的是人民检察院在办理涉未成年人案件过程中，发现未成年人的父母或其他监护人不依法履行监护职责影响未成年人健康成长，或导致未成年人合法权益受到侵害的，向有能力履行却不履行或怠于履行、不当履行的监护人发出的，要求其依法履行监护职责的检察工作文书①，同时也是我国未成年人刑事检察工作加强监护权监督的创新工作机制之一。与英国法院仅向儿童罪错行为的父母或监护人发出的“亲职令”不同②，我国检察机关发出的“督促监护令”适用范围更广，其重点在于结合检察办案，发现并推动解决以下监护教育不当问题：（1）监护人不依法履行监护职责导致未成年人违法犯罪或者受到刑事侵害；（2）对未成年人不良行为和违法犯罪行为没有及时预防、管教和制止；（3）不积极协助、配合做好对涉罪未成年人矫治教育；（4）其他未依法履行抚养、教育、保护职责，严重影响未成年人健康成长或者合法权益保障等。究其本质，“督促监护令”并非一项强制性的执法措施，而是通过检察监督和司法干预程度相对较低的形式，督促、引导监护人有效落实监护职责，以充分发挥监护人对涉案未成年人、高危未成年人的家庭保护与教育监管作用，优化未成年人家庭成长环境。

---

① 参见《福州市人民检察院“督促监护令”实施办法（试行）》第 11 条。

② 英国儿童父母被适用亲职令的原因包括儿童的犯罪行为、反社会行为和违反学校纪律行为等以及儿童父母违反教育法构成犯罪。参见梅文娟：《英国亲职令立法考察与借鉴》，载《青少年犯罪问题》2021 年第 6 期。

（二）督促监护令实施的法理基础

“监护”兼具双重属性，即监护的权利性和职责性，这就决定了监护权应受侵权责任法的救济，也决定了其受监督的必要性①。家庭本身虽具有私法领域的性质，基于私法自治原理，国家原则上应尊重家庭内部事项的决定，不轻易介入，但因家庭的影响力甚大，直接影响未成年人人格发展，而未成年人健康成长是最重要的国家利益和最大的社会公共利益②，未成年人监护的社会化和公法化已成为现代国际监护制度的共同发展趋势③。从制度设计理念层面上看，督促监护令体现了现代监护干预制度的立法理念，其实施在一定程度上填补了国家监护监督制度设计中的盲区与空白④，是检察机关履行“国家监护人”职责的重要载体，也是检察机关结合办案履职推动未成年人国家监护监督制度落地落实的有力举措之一。检察机关作为全程参与未成年人司法保护的国家机关和法律监督机关，在未成年人家庭保护“缺位”或不足时，通过对父母或其他监护人实施一定程度的干预行为，督促强化家庭监护责任，以完善和补充未成年人家庭保护体系，是宪法价值秩序的体现，具有法律实施的正当性，也符合检察机关行使法律监督权的本质特征。

（三）督促监护令实施的法律依据

我国《民法典》第 26 条、第 27 条、第 31 条和第 32 条的规定，确立了对未成年人的家庭监护、社会监护与国家监护一体的完备的

---

① 陈圣利：《预防性监护监督制度的构建——基于社会正义与制度成本的均衡考量》，载《北方法学》2018 年第 2 期。

② 宋英辉、苑宁宁：《提升未检质效保护好最大“公共利益”》，载最高人民检察院网 2017 年 12 月 25 日，http：//www. spp. gov. cn/llyj/201712/120171225_207519. shtml。

③ 丁慧洁、徐丽春：《未成年人监护监督考察制度中检察机关的地位与作用》，载《青少年犯罪研究》2021 年第 1 期。

④ 张时贵：《督促监护令：法理基础与制度完善建议》，载《检察日报》2020 年 5 月 11 日，第 3 版。

监护制度，充分体现了最有利于未成年人原则①。修订后的《未成年人保护法》第 106 条首次确立了国家亲权责任和检察机关“国家监护人”地位②。检察机关向未成年人的监护人制发督促监护令开展家庭教育指导相关法律法规等规范性文件，主要归纳如下：

名称	实施日期	发布主体	主要内容概括
《刑事诉讼法》	2018. 10	全国人大	第 283 条第 1 款：在附条件不起诉的考验期内，由人民检察院对被附条件不起诉的未成年犯罪嫌疑人进行监督考察。未成年犯罪嫌疑人的监护人，应当对未成年犯罪嫌疑人加强管教，配合人民检察院做好监督考察工作。
《人民检察院刑事诉讼规则》	2019. 12	最高检	第 474 条第 1 款：在附条件不起诉的考验期内，由人民检察院对被附条件不起诉的未成年犯罪嫌疑人进行监督考察。人民检察院应当要求未成年犯罪嫌疑人的监护人对未成年犯罪嫌疑人加强管教，配合人民检察院做好监督考察工作。
《未成年人保护法》	2024. 4	全国人大	第 7 条第 2 款：国家采取措施指导、支持、帮助和监督未成年人的父母或者其他监护人履行监护职责。 第 118 条第 2 款：公安机关接到报告或者公安机关、人民检察院、人民法院在办理案件过程中发现未成年人的父母或者其他监护人存在上述情形的，应当予以训诫，并可以责令其接受家庭教育指导。
《预防未成年人犯罪法》	2021. 6	全国人大	第 61 条：公安机关、人民检察院、人民法院在办理案件过程中发现实施严重不良行为的未成年人的父母或者其他监护人不依法履行监护职责的，应当予以训诫，并可以责令其接受家庭教育指导。

① 刘艳红：《法秩序统一原理下未成年人保护制度的刑民衔接适用》，载《现代法学》2021 年第 4 期。

② 《未成年人保护法》第 106 条规定：“未成年人合法权益受到侵犯，相关组织和个人未代为提起诉讼的，人民检察院可以督促、支持其提起诉讼；涉及公共利益的，人民检察院有权提起公益诉讼。”

续表

名称	实施日期	发布主体	主要内容概括
《家庭教育促进法》	2022. 1	全国人大	第49条：公安机关、人民检察院、人民法院在办理案件过程中，发现未成年人存在严重不良行为或者实施犯罪行为，或者未成年人的父母或者其他监护人不正确实施家庭教育侵害未成年人合法权益的，根据情况对父母或者其他监护人予以训诫，并可以责令其接受家庭教育指导。
《关于在办理涉未成年人案件中全面开展家庭教育指导工作的意见	2021. 5	最高检、妇联、关工委	该文件要求在办理涉未成年人案件时，全面推进家庭教育指导工作，重点推动涉案未成年人、失管未成年人、预防性家庭教育指导工作，同时强调各级政府和相关部门的合作，以促进未成年人的全面健康发展。

二、督促监护令执行过程的实践考察

以S市D区检察院探索实践为例，近三年来共办理支持起诉撤销监护人资格案件3件，发出75份①督促监护令。其中，向拟作附条件不起诉、不批捕、不起诉处理案件的涉罪未成年人的监护人发出54份，占比72%，向未成年被害人的监护人发出8份，占比10.7%，向其他特殊未成年人的监护人发出13份，占比17.3%，如下图所示：

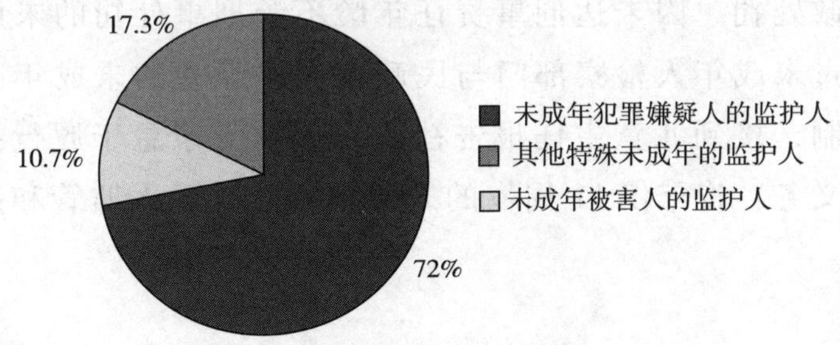

督促监护令制发对象

① 统计数据为S市D区检察院2020年12月至2023年11月发出的强制家庭教育决定书及督促监护令相关文书。

（一）在检察履职中发现督促监护线索

上述督促监护令线索82.7%来自检察机关在办案中主动发现，17.3%来自检察机关与基层派出所、学校、妇联、民政等单位协作工作中发现或移送的案件线索。具体而言：

1. 办理涉未成年人刑事案件中发现。涉案未成年人处于单亲、重组家庭、长期寄养、留守儿童等特殊监护样态，尤其是对于依法作出附条件不起诉决定的涉罪未成年人，改善家庭监护环境，发挥监护人在监督考察期间的监管教育作用尤为重要。由以上数据可见，此类督促监护令制发对象中占比最高，实践中多数系在办理公安机关提请介入侦查、提请逮捕、移送审查起诉时发现。

2. 开展涉未成年人民事、行政、公益诉讼调查核实过程中发现。在调查核实未成年人合法权益受到单位或其他个人侵害时，可能发现监护人存在监护缺失、监护不当等行为，直接或间接导致未成年人权益受损的情况。

3. 开展犯罪预防与未成年人综合保护工作中发现。如检察官在担任法治副校长工作[①]中，学校报告一学生蔡某多次受到母亲辱骂、殴打的情况；又如通过该区未成年人涉案信息归口管理与转介服务工作机制，派出所移送多名因监护人疏于管教、违反治安管理规定被处以行政处罚、因未达刑事责任年龄不予刑事处罚的未成年人等情况；通过未成年人检察部门与民政未保站建立的未成年人保护协作配合机制，接到儿童主任报告社区内一位父亲怠于履行抚养、教育、保护义务，将年仅11周岁的未成年人置于无人监管和照看的状态等情形。

---

① 2021年12月22日最高检、教育部联合印发《检察官担任法治副校长工作规定》，进一步深化检校共建，让检察机关在未成年人保护大格局中发挥越来越重要的作用。

（二）开展社会调查与监护能力评估

在办理涉未成年人案件时，承办人发现父母或其他监护人可能存在未依法履行监护职责的，应对未成年被监护人开展社会调查，并对其家庭监护能力开展评估，可委托第三方专业机构开展，必要时检察机关也可自行开展调查或补充调查。

1. 开展社会调查

社会调查的主要内容包括涉案未成年人的基本信息、学校情况、成长经历等；未成年人的违法犯罪行为或受侵害情况和原因，不良行为史及成长经历；未成年人家庭的基本信息，包括父母的婚姻状况、夫妻及亲子关系、父母工作、性格及家庭养育情况；是否存在监护人的缺陷或不当监护的具体情况，包括监护人的社会背景和生活方式等。

2. 家庭监护能力评估

调查人员参照《未成年人家庭监护能力评估指南》①，通过家庭成员之间的关系和交流情况，评估家庭环境的和谐和稳定程度；通过了解家庭成员之间的协作和支持评估家庭系统的功能性；评估监护人的教育方式是否有助于塑造未成年人的良好行为和价值观；评估亲子关系的品质，包括沟通和理解的情况等。

3. 评估与监护不当因素的关联性

在家庭监护能力评估中，需深入分析和评估未成年人违法犯罪行为或受侵害情况与监护人监护不当因素之间的关联性，以确定督促监护的具体内容和责令接受家庭教育指导的期限。

① 2021年6月1日，上海市市场监管局审定通过全国首个关于家庭监护能力评估地方标准，包含家庭基本情况、监护质量及监护能力等80个具体评估指标，为相关部门开展家庭监护干预帮扶提供重要参考和依据。

（三）提出个性化家庭教育指导措施

“督促监护令”强调督促有监护能力的监护人履行职责，其目的是提醒监护人树立起监护意识，切实履行其监护义务[①]。为了确保涉案未成年人获得适当的监护和教育，以实现他们的健康成长，检察机关在充分考虑涉案未成年人社会调查及家庭监护能力评估情况的基础上，根据个案不同情况和监护履职中存在的具体问题，向监护人提出针对性要求，指导、支持、帮助，并监督监护人履行好监护职责。例如，针对家庭内部存在沟通障碍、亲子关系紧张的问题，要求监护人参加家庭沟通技能培训，设立定期的家庭会议，加强家长和未成年人之间的沟通和问题讨论；针对涉罪未成年人回归学校后学业压力大或学习支持不足的问题，要求家长提供学科辅导方面的支持和帮助，关注未成年人的学习进展，督促完成学习计划，与学校保持密切联系等；针对未成年人沉迷手机、网络游戏的情况，要求监护人定期参加家庭教育指导课程，学习限屏教育相关知识，引导未成年人戒除手机、网瘾等不良行为；针对面临同伴压力或其他社交问题的未成年被害人，要求监护人参加亲子社交技能培训，鼓励参加社交活动，促进积极的同龄人关系，加强交往过程中的自我保护等；针对因交友不慎，受不良朋辈撺掇实施抢劫的涉罪未成年人，要求监护人加强正确金钱观、价值观、交友观方面的引导等。

（四）发出督促监护令及相关工作文书

1. 制作督促监护令文书

根据涉案未成年人因监护问题所导致的不良表现，指出监护人在监管教育方面存在失职行为的法律依据，并提出个性化家庭教育指导具体措施，责令监护人按照“督促监护令”所列事项履行监护职

① 北京市朝阳区人民检察院课题组：《检察视阈下“督促监护令”与“强制家庭教育指导”制度之完善》，载《北京政法职业学院学报》2023 年第 2 期。

责。最高检在《督促监护令意见》附件中以福建省检察机关司法实践作为参考样本，但并未规定督促监护令文书的统一范式。以上海市为例，未检业务指导处下发的“督促监护令”文书范本中[①]，同时包含训诫书、责令具结悔过、责令严加管教书、家庭教育指导函、家庭教育指导三方协议等。

2. 送达督促监护令

一般以现场宣告送达为主，书面送达为辅。为了体现督促监护令宣告程序的权威性和仪式感，促使被督促对象提高认真履行监护职责的行动自觉和意识，检察机关向监护人现场宣告送达的，可通知监护人住所地派出所、居委会或村委会、涉案未成年人所在学校及其他有关社会组织派员参加见证[②]。督促监护令相关文书送达时，要求监护人签署文件，并承诺履行监护职责。在监护人收到督促监护令后仍然不作为或是不改变的，探索将督促监护令抄告村委会或居委会、未保站、学校甚至监护人单位，联合各方力量，在遵守未成年人隐私保护义务的前提下，共同对监护人开展监督。如该院办理的李某抚养费纠纷民事支持起诉案中，李某的监护人经宣告送达后仍不履行监护职责，承办人将督促监护令抄告至监护人所在单位后，李某的父亲在多方努力下转变态度并配合执行。

（五）跟踪回访与实施效果评估

对未成年人家庭监护情况进行跟踪回访是确保督促监护令有效实施的关键环节。一方面，通过跟踪回访，检察机关可以了解监护人是否按照督促监护令的要求为未成年人提供适当的监护和教育，了

---

① 上海市人民检察院第九检察部已于2020年2月制发《关于规范亲职教育工作的指导意见（试行）》，对相关工作进行了规范。2021年6月1日，最高检第九检察厅下发《关于在办理涉未成年人案件中开展“督促监护令”工作的意见》后，各区院将原指导意见中的“强制亲职教育决定书”改为“督促监护令”。

② 吴媛贞、汤佳锟：《未成年人附条件不起诉案件督促监护令问题探析》，载《中国检察官》2020年第19期。

解督促监护令的落实效果，有助于及时发现问题或不足，提供反馈以制定相应改进措施。如承办人通过定期或不定期回访，在开学后不久了解到未成年人王某的监护人未及时为其缴纳学费，可能导致王某的学籍档案将被退回，在承办人督促下，王某的监护人履行义务为王某提供了学业支持。另一方面，通过实施效果评估，可以了解督促监护令对未成年人的影响，包括其行为、学业和社交等方面的改变，有助于判断督促监护令是否达到了预期的效果。如监护人拒绝执行督促监护令要求，检察机关和公安机关可依法进行教育和训诫；如因监护人不履行监护职责导致附条件监督考察中的涉罪未成年人严重违反有关监管规定，检察机关可撤销附条件不起诉决定，对涉案未成年人提起公诉；对不履行监护职责造成严重后果构成犯罪的，依法追究刑事责任等①。

三、督促监护令实施过程中的主要问题分析

（一）法律规范不明晰导致实践运行中欠缺保障力度

检察机关开展督促监护令及家庭教育指导工作虽然有一定的法理基础和法律依据，但仍处于司法实践探索阶段。在我国立法体系中尚没有“督促监护令”这一法律术语，《家庭教育促进法》《刑事诉讼法》《未成年人保护法》《预防未成年人犯罪法》关于检察机关对监护人如何开展教育训诫、家庭教育指导，在具体适用范围、实施程序、法律后果等规范上也尚未予以明确。

目前各地方检察院主要以规范性文件的形式，探索督促监护令的实操性。如规定拒不履行或怠于履行“督促监护令”义务，如放任未成年人有严重不良行为，或侵害未成年人合法权益的，由监护人所在单位或者居委会、村委会或派出所依法予以劝诫、制止；构成

① 上海市人民检察院《关于规范亲职教育工作的指导意见（试行）》第10条、第14条。

违反治安管理行为的，由公安机关依法给予行政处罚，造成严重后果构成犯罪的，依法追究刑事责任[①]。或是规定监护人未对涉案未成年人加以管教，导致正处于附条件不起诉考验期内的涉案未成年人违反有关监督管理规定情形的，人民检察院应当撤销附条件不起诉决定，对涉案未成年人提起公诉[②]。可以看出，这些“法律后果”有的是依据监护人具体行为违反治安管理法规而受到惩戒，若监护人对督促监护令的要求置若罔闻，也无具体行为触犯，检察机关也无计可施；有的承担相应法律后果的并非监护人，而是未成年人自身，对于怠于履行监督管理义务的监护人来说，并没有受到法律约束。因此，由于上位法规定的模糊和不足，各地方性规范文件有待于更高位阶法律程序意识和规范思维的塑成，在发挥“督促监护令”刚性保障方面的效果也依然存在不足。

（二）对督促监护令的认知偏差导致整体适用率偏低

如前所述，S市D区检察院制发督促监护令的对象中72%以涉罪未成年人的监护人为主，督促监护令作为一种涉罪未成年人教育和感化、挽救的手段之一，着重监督监护人履职，在帮助未成年人获得更好的犯罪预防和社会融入机会上起到重要作用，但实践中也并未覆盖全部涉罪未成年人监护人，在受侵害的未成年被害人监护人中适用率更低，其中一个重要原因在于相关行为主体对现行法律规定下“督促监护令”的性质及适用范围存在认识偏差。

由于上述立法的模糊，在“督促监护令”性质的认识上，司法实践中部分承办人员认为“督促监护令”是对监护人实施的一项惩戒措施，那么自然会相对倾向于在办案中谨慎适用，通常仅在没有任何争议的情况下，即出现较严重监护问题的家庭中才适用。而对

① 参见《福州市人民检察院“督促监护令”实施办法（试行）》第11条。

② 参见《福州市人民检察院“督促监护令”实施办法（试行）》第12条。

于父母或其他监护人而言，“法不入家门”观念仍根深蒂固[①]，“督促”一词包含消极评价，是司法机关对其监护权利实施的强制性干预行为，认为执行督促监护令会给其带来负面影响，因此可能对督促监护令的执行产生抵触和不满情绪，不愿意积极主动配合相关家庭监管和教育措施，从而影响督促监护令执行及家庭教育指导的效果。监护人不配合的态度，继而又间接影响承办人员关于是否需要启动督促监护令程序的决策。另外，既然督促监护令并非一种惩戒性执法措施，那么在适用范围的认识上，除了涉罪未成年犯罪嫌疑人的监护人，还应重点关注受侵害未成年人的监护人是否履行了“教育、保护”义务，必要的情况下可通过督促监护令的形式，为被害人的监护人提供指导性、支持性帮助，特别是对于《督促监护令意见》中提到的“其他未依法履行抚养、教育、保护职责，严重影响未成年人健康成长或者合法权益保障等”情形，可适当提高适用比例。

（三）专业力量不足导致难以落实个性化教育指导措施

1. 开展社会调查及家庭监护能力评估人员专业不足

充分翔实的未成年人社会调查报告和家庭监护能力评估报告，是检察机关对涉未成年人案件是否适用督促监护令，以及如何提出履职要求和家庭教育指导的重要参考依据。实践中发现，尽管有上海市《未成年人家庭监护能力评估指南》等规范性文件参考，但由于调查人员专业度不高，家庭监护能力评估常常出现以下问题：(1) 调查评估报告内容重复率较高，家庭问题表述不明确；(2) 调查评估过程中存在调查范围过于狭窄、个案剖析不够具体和明显、违法犯罪或受到侵害归因过于雷同；(3) 调查评估方式单一，访谈问题不够深入，难以发现家庭内部深层次问题等。

---

① 张鸿巍、朱洪源：《未成年人违法犯罪防治视阈下的“父母参与责任”——兼议〈家庭教育促进法〉第 49 条的实施》，载《中国青年社会科学》2022 年第 6 期。

2. 办案人员监护风险点识别能力及专业知识储备不足

办案人员除应当具备未成年人监护相关法律法规知识储备，能够根据社会调查评估的情况确定监护人违反了何种监护义务[①]，还应当能够根据监护监督角度发现的监护风险点，结合不同未成年人家庭背景的多样性和复杂性，制定指令清晰、可操作性强的具体措施。同时还得熟练掌握所在地区可利用的社会资源及专业机构信息，并根据不同家庭需求及时进行司法转介服务。这不仅需要办案人员具备未检专业办案能力，还需要具备一定社会生活经验积累及相关心理、教育等专业知识储备。实务中，检察机关未检部门往往存在队伍年轻化的现象，难以满足以上能力要求。

3. 家庭教育指导服务力量不足

实施督促监护令需要投入人力、物力和财力，包括对执行人员的培训、家庭教育指导的开展等。随着我国《家庭教育促进法》的出台，从法律层面明确了家长实施家庭教育的主体责任，并要求各级人民政府及有关部门组织建立家庭教育指导服务专业队伍，加强对专业人员的培养，极大地推动了我国家庭教育和家庭教育指导工作朝着规范化、专业化、科学化和法治化方向发展[②]。但必须承认的是，我国家庭教育指导工作尚处于发展初期，亟缺相关专业社会资源，在督促监护令实施过程中个性化家庭教育指导方案及效果难以实现。

（四）跨区域跨部门协作困难导致长期跟进困难

未成年人的监护人是否依法履行监护职责，为未成年人提供健康

---

① 如针对未成年人夜不归宿的问题，在《未成年人保护法》第16条第（1）项“为未成年人提供生活、健康、安全等方面的保障”概括授权之下，细化为第17条第（7）项不得“放任未成年人进入营业性娱乐场所、酒吧、互联网上网服务营业场所等不适宜未成年人活动的场所”等具体措施。

② 边玉芳：《我国家庭教育指导者队伍专业化的现状分析与提升策略》，载《南京师范大学学报（社会科学版）》2023年第4期。

成长环境，需要有专门的机构长期跟进观察，以应对随时可能发生的变化。检察机关开展督促监护令相关工作，需要社会工作组织、民政、妇联、家庭教育指导中心等多个部门协作。实践中往往因缺乏外部协作配合机制，跨部门合作可能存在对接不畅的情况。以S市D区检察机关受理的涉未成年人案件为例，外地户籍涉案未成年人占多数，办案人员常常面临未成年人案发后不在本市，或未成年人与监护人不在同一区域的情况，在涉及异地社会调查时，因缺少相应的跨区域协作配合机制和信息共享机制，或因不同区域经济发展差异、司法服务、社会服务差异，导致跨区域协作及督促监护及家庭教育指导方面专业资源链接机制不健全，不同区域的司法、社会力量在发挥各自优势并形成合力方面存在更大现实障碍，导致检察机关案件办理结束后，后续涉案未成年人的监护状况难以进行长期关注反馈。

四、完善检察机关监护督促令运行机制的对策

（一）立法规范化提高适用率及刚性

1. 明确适用范围及实施程序

有必要在立法层面明确和具体提出“督促监护令”这一法律术语，并在相关条例、地方性法规中明确其适用范围及实施程序，用立法的规范化来使这一制度具有可执行性和可操作性。如在相关立法中明确规定“督促监护令”的适用范围，将督促监护令分为“强制型”“建议型”“指导型”，分别针对“根本不想管”“管了却管不够”“想管却不会管”三类父母或其他监护人①。如明确规定适用于监护人存在管教不严、监护缺位等问题，导致未成年人违法犯罪或受到侵害的情况，适用“强制型”督促监护令并设置期限。法律法

① 钱宇文：《督促监护令盯紧“问题家长”》，载《检察日报》2021年9月16日，第7版。

规中明确督促监护令的实施程序，包括申请、审查、发布、执行等环节，以及各环节的具体操作要求和流程。

2. 明确责任主体及法律责任

在扩大协助执行督促监护令主体范围的基础上，通过立法明确督促监护令的适用范围、实施程序、监督机制的基础上，形成以法律保障为前提，地方相关部门牵头，民政、教育等部门配合的多重法律法规体系，明确“督促监护令”工作机制的责任主体和配合协作义务等。对于未履行监护职责的监护人，制定相应的法律责任，如罚款、诉讼、监护权剥夺等，以强化监护人履行监护职责的法律约束。如在《治安管理处罚法》修订中增加规定“经检察机关发出督促监护令或其他强制家庭教育指导令，仍然怠于履行监护职责的，可以由公安机关依照治安管理处罚法对其进行行政处罚”，或在地方《未成年人保护条例》《预防未成年人犯罪条例》中明确规定“拒不接受有关司法部门督促监护或亲职教育的，由有关部门依法纳入社会征信系统等”①。

（二）加大执行力度促监护责任落实

1. 加强队伍专业能力建设

一方面，提高社会调查评估人员的专业化水平，提高调查人员业务能力和素质，使其能够熟练掌握“督促监护令”的实施程序，根据《未成年人司法社会工作服务规范》《未成年人家庭监护能力评估指南》，为相关案件办理提供真实性、客观性、全面性的调查评估结论，作为案件办理的重要参考。另一方面，加强未检办案人员复合型、多学科的培训，如参加妇联、高校组织的家庭教育指导师课程培训，开展检察与民政同堂实训等，提高识别可能对未成年人人身监护造成严重损害的风险点的能力，以及链接相关社会资源的能力，

① 参见2017年《湖北省预防未成年人犯罪条例》第41条。

为加大督促监护令机制执行力度提供人员和专业保障。

2. 完善事前教育和支持协助

政府和相关部门应加大实施《家庭教育促进法》的资源投入，在构建预防性监护监督制度的同时，为实施督促监护令提供家庭教育和支持协助资源，包括人力、物力和财力，以确保有足够的资源支持和提高监护人履职能力。可借鉴其他国家和地区相关经验，如美国专门负责处理儿童虐待和监护问题的儿童保护服务中心（Child Protective Services，CPS）运行机制，以及成熟的社会工作体系在儿童监护权益保护工作中发挥作用；瑞典政府社区全覆盖式提供家庭教育支持服务，包括家庭教育培训、家庭援助计划等的情况；日本政府提供家庭教育培训和资金补贴等支持措施[①]。

3. 推动多部门协同机制建立

从检察系统内部的角度，需尽快推动跨区域协作机制的建立，如依托《沪苏浙皖检察机关关于建立长三角区域未成年人检察工作协作机制的意见》，推动建立长三角跨区域协作模式，便于开展社会调查与家庭监护能力评估的异地协作，落实督促监护考察和后续跟踪评估等工作，落实属地责任。从检察系统外部联动的角度，需要尽快建立跨部门配合协作机制，特别是与教育、民政、妇联、关工委等部门相关制度的衔接，共同推动“督促监护令”的实施，确保资源和信息共享，落实主体责任。

4. 强化监护责任宣传教育

对未成年人的父母或其他监护人开展家庭教育的现实困境需要被正视，并予以有效协助，包括正确认知、妥善履职乃至家庭重塑[②]。检察机关需加大对“督促监护令”工作机制的宣传力度，提高社会

① 冯源：《儿童监护模式的现代转型与国家监护的司法承担》，法律出版社 2020 年版，第 261 页。

② 张鸿巍、朱洪源：《未成年人违法犯罪防治视阈下的“父母参与责任”——兼议〈家庭教育促进法〉第 49 条的实施》，载《中国青年社会科学》2022 年第 6 期。

公众和监护人对依法履行监护职责的认识，提高监护人对督促监护令及家庭教育指导工作的配合度，降低监护人的抵触情绪，将被动接受督促监护令的要求，转化为监护人主动向检察机关、相关政府部门提出家庭教育指导支援需求。

（三）强化监督提升督促监护效果

在现有法律框架下，为保障“督促监护令”工作机制的实施效果，应着重将检察监督与社会化监督相融合，提升督促监护令执行效果。

1. 充分运用未成年人检察监督职能

从检察机关自身的角度出发，应充分发挥未成年人刑事、民事、行政、公益诉讼检察职能“一体化”融合办案优势，综合运用立案监督、附条件不起诉监督考察、督促或支持有关个人或部门提起撤销监护人资格之诉等特殊检察职能，探索设置监护权撤销的前置程序和过渡措施，将督促监护令及家庭教育指导措施的执行情况作为办案的重要参考，强化检察监督。

2. 强化落实强制报告与主体问责制度

强制报告制度①在侵害与被害之外的第三方揭露、制止侵害的作用，与未成年人监护监督所要求的积极发现、主动干预、外部监督存在深度的功能契合②。《关于建立侵害未成年人案件强制报告制度的意见（试行）》中规定的九种强制报告情形，如因监护失职导致未成年人陷入困境状态的，检察机关及有关部门接到报告后，可以及时对督促监护令的执行情况进行监督。同时，对于督促监护令执行过程中未履行强制报告义务的失职的相关部门和工作人员，也应通

① 2020年最高检、国家监察委等九部门联合印发《关于建立侵害未成年人案件强制报告制度的意见（试行）》，2021年6月1日施行的新修订的《未成年人保护法》进一步确认了该制度。

② 张鸿巍、朱洪源：《未成年人违法犯罪防治视阈下的“父母参与责任”——兼议〈家庭教育促进法〉第49条的实施》，载《中国青年社会科学》2022年第6期。

过案件倒查机制加大问责力度，依法追究责任。

3. 形塑多元主体参与的监督格局

未成年人保护是一项长期的社会系统性工程，单一司法力量不足以为未成年人提供全方位的支撑。应大力倡导社会公众参与监督形成有效社会支持体系，形成社会舆论监督，提高督促监护令工作机制的透明度和公信力。鼓励社会公众和监护人提供反馈，为督促监护令工作机制的改进提供建议信息。同时，鼓励企事业单位、社会组织和志愿者参与家庭教育指导工作，借助多方社会力量，建立多元化监督格局，不断整合社会支持力量、优势互补、联合发展，共筑未成年人监护权益保障监督体系。

五、结语

家庭保护是保障未成年人健康成长的基础，习近平总书记强调“家庭是人生的第一个课堂，父母是孩子的第一任老师”。依法履行监护职责不仅关系到被监护人的权益，也是父母或其他监护人对社会、对国家的一份责任[①]。检察机关结合办理涉未成年人案件，创新探索督促监护令机制，在一定程度上填补了国家监护监督制度设计中的盲区与空白，其实施过程中出现的适用率不高、保障力度不够、专业力量不足、部门协作困难等问题，需要从立法、执行、监督三个层面施以对策，以期进一步提升未成年人监护权益检察监督与家庭教育指导工作质效，充分发挥检察机关在未成年人监护权益保障领域的重要作用，促进和强化未成年人家庭监护责任、提升家庭教育能力，以检察依法履职促推未成年人家庭保护落实落地，共同守护好祖国的未来。

① 关颖：《亲职教育的意义、特点及其制度构建》，载《预防青少年犯罪研究》2014 年第 5 期。

检察机关助推专门学校与专门教育问题研究

重庆市人民检察院第一分院、重庆市合川区人民检察院课题组*

作为教育矫治具有严重不良行为未成年人的重要方式之一，专门学校在我国的产生和发展已经历经大半个世纪。从20世纪50年代创办的工读学校，到2006年修订的《未成年人保护法》将工读学校改称为专门学校，再到2021年实施的《预防未成年人犯罪法》彻底取消收容教养制度，专门学校和专门教育承担了对部分具有严重不良行为的未成年人的监护和教育职能。《预防未成年人犯罪法》第43条明确规定："对有严重不良行为的未成年人，未成年人的父母或者其他监护人、所在学校无力管教或者管教无效的，可以向教育行政部门提出申请，经专门教育指导委员会评估同意后，由教育行政部门决定送入专门学校接受专门教育。"

在新的时代背景下，最高人民检察院作出了"协调推进专门学校和专门教育"的工作部署，检察机关如何通过履行检察职能，推进专门学校和专门教育工作发展，已经成为司法实践的必然要求和重要问题。本课题组根据辖区专门学校和专门教育的运行开展情况，结合检察工作实际，全面分析了检察机关助推专门学校和专门教育发展的必要性和目前存在的问题，从制度完善、机制构建和配套跟

---

* 课题组成员：肖波，重庆市人民检察院第一分院党组成员、副检察长，二级高级检察官；潘强，重庆市人民检察院第一分院法律政策研究室三级高级检察官助理；谢菲，重庆市合川区人民检察院检察委员会专职委员，四级高级检察官；张倩，重庆市人民检察院第一分院第七检察部一级检察官助理。

进等三个方面探索完善路径。

一、专门学校与专门教育概述

（一）基本内涵

1. 专门学校的概念与发展

专门学校成立之初被称作“工读学校”，旨在对有不良行为或者犯罪行为的未成年人进行矫治教育，是为有轻微违法犯罪的青少年开设的一个特殊教育机构。[①] 随着我国少年司法体系的不断发展，2000年《关于进一步加强预防青少年违法犯罪工作的意见》提出，将工读学校办成教育、矫治、挽救有严重不良行为的未成年人、预防青少年违法犯罪的中心，打开了探索专门学校发展模式的局面[②]。2006年修订的《未成年人保护法》正式将工读学校改称为专门学校。2021年修订的《预防未成年人犯罪法》和《刑法修正案（十一）》都对专门学校做出了明确的法律规定，实现了法律层面的衔接。专门学校被定义为同时开展实施义务教育、专门教育和专门矫治教育的学校，是对具有严重不良行为未成年人和罪错未成年人实施以矫治为主导、教育和矫治并举[③]的“国家教育体系”和“少年司法体系”[④]。

2. 专门学校与专门教育的功能定位

当前，具有教育预防、提前干预、教育矫正、专门矫治的专门教育与工读学校的特殊教育有着不一样的时代使命。2019年发布的

① 杜宣、毕宝琦：《检察机关与专门学校罪错未成年人矫治合作机制的构建》，载《中国检察官》2021年第16期。

② 尤伟琼、王丽萍：《演变与推进：专门学校教育制度的困境与重构》，载《云南师范大学学报（哲学社会科学版）》2022年第6期。

③ 张振锋：《对中国工读学校法律定位的再思考——以美国替代学校为参照》，载《中国青年研究》2017年第2期。

④ 2019年中共中央办公厅、国务院办公厅颁布《关于加强专门学校建设和专门教育工作的意见》。

《关于加强专门学校建设和专门教育工作的意见》中明确规定，“专门教育是国家教育体系中的组成部分，也是少年司法体系中具有‘提前干预、以教代刑’特点的重要保护处分措施”。[①] 由此，专门学校开展的专门教育首先要具备国民教育中的义务教育功能，其次要回应其保护处分措施的特点，具体来说，主要包括两大功能。

其一，承担“国民教育体系”的重任。未成年人肩负着国家的希望和民族的未来，未成年人处于心理生理发展阶段，其行为和思想与成年人相比更具有可塑造性，对严重不良行为未成年人和罪错未成年人同样要秉承“提前干预、以教代罚”的理念，坚持“最有利于未成年人”原则，对其依照《义务教育法》规定开展义务教育，不仅能保障在专门学校学习的未成年人的受教育权，还能对未成年人的人生观、价值观进行正确引导，更有利于未成年人学习、生活。

其二，承担“少年司法体系”重担。专门学校作为保护处分措施的实施场所，除了要对严重不良行为的未成年人和违法犯罪的未成年人实施义务教育，还要开展专门教育和专门矫治教育，对有严重不良行为的未成年人和罪错未成年人发挥提前预防、临界预防和教育矫治的重要作用。[②] 肩负起预防未成年人犯罪和矫治违法犯罪未成年人的重任，侧重教育转化的效率和效果，对其个体缺陷进行修补，消除部分未成年人的人身危险性和不良恶习，使其融入正常的社会生活。

3. 专门学校及专门教育的优势

专门学校作为区别于普通学校的强制性教育场所，既整合了司法机关、教育系统、群团组织等多方专业力量，又有别于司法监所的全封闭性，在教学内容和设施建设上具有针对性，对问题少年的帮

① 肖建国：《法治视角下的专门学校办学定位探究》，载《青少年犯罪问题》2020 年第 1 期。

② 郭开元：《法治视野下专门学校的功能及其实现》，载《中国青年社会科学》2023 年第 3 期。

教矫治有着天然的优势，有利于实现未成年人犯罪预防和矫治全覆盖。

其一，集中了多方主体的优势资源。以C市H区专门学校为例，该校为C市唯一一所43年来未间断招生的公办专门学校，区委政法委、区检察院、区教委共同印发了《检察机关与专门学校未成年人犯罪预防和教育矫治工作的衔接机制》，对符合入校条件的未成年人开展专门教育。在实践中，C市人民检察院第一分院与H区检察院在该校成立罪错未成年人“莎姐”工作室、未成年人观护教育基地，开展罪错未成年人教育矫治和临界预防；区法院安排少审庭法官到校开展模拟法庭等活动；区司法局在该校建立H区青少年法治教育基地，开展各类法治教育；区法学会在该校组织“预防未成年人犯罪法治论坛”，促进专门学校实践经验实现理论升华。除了各政法单位参与，学校还联合团区委组织高校志愿者进校帮扶，西南政法大学多位专家教授也进校开展法治文化专题讲座。可见，各方力量的共同参与形成了专门学校的教育优势，通过专业的组织和队伍保障提升了帮教矫治的专业化水平，① 为问题少年的有效转化提供了有力保障。

其二，教学内容和设施具有针对性。鉴于问题少年普遍存在思想认识偏差和不良行为表现，因此专门学校的教学内容有别于普通学校，除了基本课业外，更侧重于法治教育、职业教育和心理健康教育。其中，强化法治教育是为了让问题少年知法尊法守法，树立是非观念和规则意识，而职业教育则是为了让他们学到基本生存技能，以便出校后能够有一技之长自力更生，心理健康教育则能够帮助他们更好地实现自我心理调适。

校园硬件设施建设方面，专门学校通过将法治元素融入校园建设，让法治教育的氛围更加浓厚。C市H区专门学校内设置了警视

① 参见庄伟、杨新娥、刘铃悦、王敬敬：《未成年人犯罪预防与矫治机制的构建——以检察机关与专门学校合作共建实践为样本》，载《人民检察》2020年第24期。

厅，廊道上悬挂着宣传宪法、民法典的美术作品，“莎姐”工作站内打造了以“法润青春、守护成长”为主题的法治文化墙，通过检察官说法，将常见于问题少年中的盗窃罪、抢劫罪、故意伤害罪等罪名进行解析，以达到释法说理效果。

其三，校园管理制度化且有强制性。专门学校由于接收的是存在不良行为、严重不良行为甚至涉罪的未成年人，为了实现有序管理，在管理制度上比普通学校更加严格。如C市H区专门学校注重专门教育的程序正当性、规范性，[①] 制定了校规、班规、内务规范、学生日常行为规范检查要求、值班守护规定等制度，通过有序管理，在潜移默化中塑造学生的规则意识。除此之外，专门学校实行校长问责制，出现安全事故（事件）层层问责，日常设置保安、民警、教师三个主要值班岗位进行24小时值班，确保校园安全。对于违反教学管理制度的学生，将视情作出处理；对于涉嫌犯罪的，依法移交司法机关处理；对于表现好的学生，学校也会给予表彰和奖励。此外，专门学校还具有一定的封闭性，但在校生确有需要的，经过严格审批，填写“学员出校审批单”，则可以在规定时间内出校，也可以在相对固定的时间会见家长。

（二）域外经验对比

与我国专门学校和专门教育相比，域外针对未成年人犯罪矫正的法律制度相对成熟，对我国专门学校与专门教育的完善具有积极意义。

德国《少年法院法》对于未成年人违法犯罪矫正的相关制度做了详细规定，这一制度旨在教育相关未成年人，最终使其真正回归社会。在德国，适用违法犯罪矫正制度的青少年覆盖到了14—21周岁，在具体适用时不仅以生理年龄划定了责任年龄，还另行参考行

① 刘青、危兆宾：《社会治理视域下罪错未成年人保护处分制度完善》，载《中国检察官》2022年第13期。

为人的心智成熟、健全与否；在矫治措施上，设置了三种严厉程度由轻到重的矫治措施，优先适用最温和的矫正措施。

日本的少年观护制度将个别化观护原则视为基本原则，其强调要根据涉罪未成年人的个体和个案情况量身定做处遇方案和适用措施。同时，日本的少年观护制度构造了一个较为完善的保护观察主体范围[①]，各方主体社会地位明确、专业性强。日本少年观护的类型和手段丰富多样，包括保护观察措施、少年院处遇措施[②]、儿童养护措施。

澳大利亚的恢复性少年司法制度与前两个国家的做法不同的是，其主张让少年犯罪受影响的各方共同参与进来，在协调人的主持下围绕少年犯罪原因、责任划分、后果承担等内容进行沟通，确定对少年犯罪的处置方案，并在会后严格推动方案履行，从而修复被少年犯罪破坏的社会关系[③]。

二、检察机关职能与专门教育工作

随着经济社会不断发展，近年来未成年人犯罪呈现上升趋势，罪错未成年人分级处遇工作面临着更加严峻的挑战。专门教育是国家亲权理念在未成年人保护工作中的具体体现，在未成年人司法保护工作中发挥着重要作用。检察机关作为国家法律监督机关，必须切实践行未成年人“两法”规定的检察监督职责，全面落实最高人民检察院《关于认真贯彻落实全国人大常委会审议意见推进未成年人检察工作高质量发展的通知》中关于“协调推进专门学校和专门教育”的工作部署，坚持监督与配合并重，实现检察综合履职与专门

① 林琳：《我国少年观护制度体系构建探讨——以日本为借鉴》，载《河北法学》2021年第3期。

② 齐文远、刘娥：《日本少年法理念与日本少年司法晚近变革》，载《云南大学学报（法学版）》2012年第2期。

③ 许晨夕：《青少年社区矫正与恢复性少年司法：澳大利亚和新西兰经验及启示》，载《预防青少年犯罪研究》2018年第2期。

教育双效加乘。

（一）检察机关参与专门教育工作的基础

检察机关作为我国的司法机关，在处理未成年人案件、预防未成年人犯罪上应承担起司法责任，加强对未成年人的“双向保护”。

2018年12月，最高人民检察院专设未成年人检察职能部门，充分释放未成年人检察制度效能。最高人民检察院时任检察长张军在第十三届全国人民代表大会常务委员会第三十七次会议上的报告指出，要“把倾心帮教贯穿未成年人案件办理始终，促进涉罪未成年人迷途知返、改过自新”“有针对性制定帮教方案，积极开展诉前观护帮教、不起诉跟踪帮教，用心用情感化挽救”，并提出“适时对未成年人‘两法’实施情况开展执法检查，促进法律规定的专门学校与专门教育制度落到实处”的要求。检察机关将处理未成年人犯罪案件和预防未成年人犯罪职责与专门学校、专门教育的内容相互融合，充分行使检察机关在专门学校与专门教育中的保障作用，利用检察机关丰富的司法资源对接受专门教育的未成年人进行教育、感化，是推动我国未成年人健康发展和我国少年司法体系不断完善的重要举措。

（二）检察机关参与专门教育工作的内容

检察机关是我国的法律监督机关，专门学校与专门教育作为一项正在发展完善的制度需要接受司法机关的监督。现行《预防未成年人犯罪法》仅对适用专门教育作出笼统性规定，并未详细阐述具体的适用程序、监督程序和救济程序。加之专门学校与专门教育在各地都处于探索阶段，为了保障在专门学校接受教育矫治的未成年人的基本权益，防止专门学校畸变为未成年人的另一个“羁押场所”，防止具有严重不良行为的未成年人与罪错未成年人相互“感染”，检察机关作为行使未成年人检察职能与监督职能相统一的司法机关，参与各地专门学校与专门教育并实施监督具有必要性。

检察机关在参与专门学校与专门教育过程中，应有针对性地制定帮教方案，对罪错未成年人进行跟踪帮教。针对有“严重不良行为的未成年人”，检察机关应积极发挥其教育、挽救职能，积极配合教育行政部门对其进行教育感化，利用司法机关的独特优势对其进行法治宣传与法治教育，从根源上解决其产生不良行为的原因；针对“有刑法规定、因不满法定刑事责任年龄不予刑事处罚的行为的未成年人”进行诉前观护帮教、不起诉跟踪帮教，一方面能够集中司法力量对附条件不起诉的未成年人进行跟踪考察，另一方面通过专门学校的专门教育引导罪错未成年人回归社会，减少罪错未成年人再犯罪的可能。

（三）检察机关参与专门教育工作的效果

考虑到未成年人违法犯罪呈上升趋势的现状，时间分散、形式单一、非强制化的教育矫治达不到预期的效果，亟须专门学校发挥更加强有力的教育矫治作用，通过检察职能融入专门教育，把有不良行为和严重不良行为的未成年人挡在“触法”的大门之外，把涉罪的、有帮教条件的未成年人从犯罪的深渊挽救回来。

1. 在未成年人临界预防中的必要性

临界预防可能涉及违反治安管理法规、被公安机关处以行政处罚和因未达刑事责任年龄而不负刑事责任的未成年人等，若能及时让专门教育介入进行“阻断治疗”，能达到更好的教育矫治效果。如在一起盗窃案中，15 周岁辍学无业的小 Z 先后与亲戚 W、朋友 Y 盗取摩托车一辆。案件侦办后，小 Z 因未达刑事责任年龄，被公安机关处以行政处罚和训诫。一年后，已满 16 周岁的小 Z 再次伙同 W 盗窃摩托车一辆，被公安机关移送审查起诉。在这个案例中，小 Z 第一次实施盗窃行为的阶段正是进行临界预防的关键时期，公安机关采取的非强制性且形式单一、短时间的法治教育并不能达到临界预防效果，而专门学校会通过制定针对性的矫治方案实现一生一策，从心理、法律等角度实现全方位帮教矫治，帮助此类未成年人回归社会。

2. 在涉罪未成年人教育矫治中的效果

相较于处于犯罪边缘的未成年人，罪错未成年人已经涉嫌犯罪，他们实施的违法犯罪行为社会危险性更大，专门教育在对这类未成年人的帮教中发挥着显著作用。如在一起抢劫案中，15 周岁的小 C 涉嫌抢劫罪，检察机关在征求小 C 监护人同意后将其送入专门学校接受教育矫治，随后在审查起诉阶段又对小 C 作出附条件不起诉决定，小 C 在专门学校接受了近 8 个月的专门教育。通过查看小 C 在专门学校的辅导记录及照片、吾日三省随笔记录、学情分析表（错误根源、学习收获、回归社会评估）等就读资料，可以看出小 C 在专门学校接受思想品德、法治教育、文化知识、心理调适、生活作风等全方位的教育矫治，学习期满后小 C 已改过自新，最终因表现良好被检察机关作出不起诉决定。

三、当前检察机关参与专门学校建设与专门教育工作存在的问题

（一）专门学校与专门教育存在的问题

1. “人”方面的问题

根据《预防未成年人犯罪法》第43 条至第45 条的规定，就专门学校的入学程序而言，可分为申请入学和强制入学两种。然而，就申请入学而言，实践中专门学校的入学普遍需要遵循未成年人本人、父母或者其他监护人和原所在学校同意方可入学，亦即“三自愿”原则，这就导致了许多本应送入专门学校的具有严重不良行为的未成年人，由于其父母不同意，导致不能进入专门学校，而家长又未能充分履行监护职责，致使此类未成年人游离于普通学校和家庭之外，存在进一步恶化而无法有效及时管束的风险。另外，申请入学程序的最终决定主体仅为教育行政部门，而若未成年人的父母或者

其他监护人不同意将未成年人送入专门学校，如何对未成年人进行及时有效的专门教育、是否可以转化为强制入学程序，相关立法并没有作出明确规定。因此，主观认识上的不愿意和客观程序上的不协调，使得申请入学程序在实践中的适用率处于较低水平。

2. 分级分类教育方面的问题

专门学校的招生范围主要包括两类：一是已满 12 周岁不满 16 周岁，家长管不住、普通学校管不了的具有不良行为、家长自愿送来委托教育的未成年人；二是因不满 16 周岁不予追究刑事责任的未成年人、多次触犯治安管理规定，有严重不良行为的未成年人。专门学校所招收的未成年人在年龄段上存在一定差异，需要根据其具体的身心特点开展有针对性的专门教育。然而，实践中的情况却是，受招收学生人数少、年龄差距大等方面因素影响，专门学校更偏向文化教育方面的课程设置，专门教育的内容不尽合理；分级分类教学不够具体，实施较为困难。结合 C 市 H 区检察院的办案情况，那些被作出相对不起诉、附条件不起诉决定的未成年犯罪嫌疑人，大多为已满 16 周岁、未满 18 周岁的未成年人，其通常不属于义务教育范畴。而受师资能力、教学条件等方面原因限制，有的专门学校往往以学籍处理、课程教学等方面存在困难为由拒绝接收上述人员。其实，《预防未成年人犯罪法》第 47 条明确规定，专门学校需要根据实际情况对未成年人进行职业教育，对没有完成义务教育的未成年人，应当保证其继续接受义务教育。该条规定在一定程度上体现了分级分类教育的要求。然而，由于相关配套措施、衔接机制等未能有效建立，专门学校的具体教学内容尚不全面，未能充分考虑到处于各个年龄段未成年人的具体情况，因此，即便是将符合专门教育条件的未成年人送入专门学校，也未必能够实现所预期的矫治效果。

3. “出”方面的问题

《预防未成年人犯罪法》并未对未成年人接受专门教育的期限作

出明确规定。实践中，专门教育学习时间为3个月至2年不等，且一般在公安机关移送专门学校时便已决定。同时，根据《预防未成年人犯罪法》第46条之规定，对于教育矫治期限届满的学生，经由专门教育指导委员会经过相应程序评估合格之后，即可经过审批离校，或者重新转入普通学校就读、继续完成学业，或者直接步入社会、自行开展就业。

整体上看，对于未成年人教育矫治效果的评估以及转出专门学校后的衔接问题，目前相关法律规范的规定较为粗疏，缺乏常态化的阶段性教育效果评估和离校评估机制，并且对于延长或缩短专门教育时间的程序没有相关规定要求，有违法律的明确性要求。同时，对于接受专门教育结束后，由于缺乏政策倾斜、规划指导，大多数学生面临自谋出路的困境，导致因缺乏谋生能力和监管，离校后即失学、失业，存在重新实施不良行为甚至走上犯罪道路的风险。究其原因，一方面，《预防未成年人犯罪法》仅规定了专门教育的评估而未明确专门教育的期限，而即便是教育效果的评估，也仅仅是由专门学校在每个学期适时提请专门教育指导委员会，由后者负责开展评估工作并作出相应的处理决定。然而，对于“适时”应当如何理解？仅由专门学校和专门教育指导委员会参与教育矫治效果评估是否足够科学、合理？如若针对某一未成年人的教育矫治效果评估始终不合格，在无明确专门教育期限的情形下，是否意味着该未成年人需要接受无期限的专门教育？另一方面，对于符合离校条件的未成年人，根据《预防未成年人犯罪法》第46条之规定，需要由决定机关做好转回普通学校继续接受教育的对接工作。然而，送入专门学校的学生中，有一部分是已完成义务教育的未成年人，其正处于正式步入社会的准备阶段，需要重点考虑离开专门学校后的就业问题。然而，就整个社会层面而言，专门学校所提供的专门教育本就存在认可程度较低的问题，在无外部帮扶的条件下，直接让未成年人步入社会、要求其自谋出路，其可能会面临被歧视的境遇，此种情况无疑会激起未成年人的对抗情绪，甚至为社会增加不稳定因素，专门教育的目的也将落空。

4. 专门学校数量、规模、资源配置与现实需求不相适应

长期以来，专门学校的发展受到法治环境变化、社会意识转变等因素影响，办学数量和办学规模急剧缩减，无法适应具有一般不良行为或严重不良行为未成年人数量增多的现状，专门学校的整体特征表现为数量少、规模小，专门学校的发展建设状况同实践需求不相匹配。以 C 市为例，目前正在运行的公办专门学校共有 3 所，即 H 区专门学校（最大招生数为 38 人）、T 区全德学校（最大招生数为 30 人）、B 区专门学校（新建成，尚未开始招生），且均招收男性，除此之外并未另行设立招收女性未成年人的专门学校。同时，对于辖区外的学生需要进行协调，存在跨区域“入学难”的问题，对于有严重不良行为的未成年人受到地域、性别等方面的限制，无法进入专门学校进行教育矫治，导致检察机关帮教矫治工作出现承载机构缺失和合作对象的缺位。

（二）检察机关对专门学校和专门教育的作用发挥有限

在日常管理方面，为了能够更好地实现教育矫治的目标，一些专门学校采取封闭式、半军事化的管理模式以磨炼学生意志、矫治其不良习惯，使得人身强制性、惩罚性色彩往往较为浓重。尤其是对于专门矫治教育而言，《预防未成年人犯罪法》更是直接规定实行专门矫治教育的专门学校应当“闭环管理”。由此可见，专门学校开展的专门教育不可避免地带有一定的强制性，在严格把握适用程序的同时，需要考虑如何对专门教育进行有效监督，依法保障未成年人的合法权益。

检察机关是国家的法律监督机关，是保障国家法律统一正确实施的司法机关，是保护国家利益和社会公共利益的重要力量。对专门学校开展的专门教育依法进行监督，也是检察机关法律监督职能的重要内容。然而，目前检察机关对专门学校的监督作用发挥较为有

限。例如，在将未成年人送入专门学校接受专门教育的程序中，无论是申请入学抑或强制入学，除了组成专门教育指导委员会之外，检察机关均无法参与其中，其他决定主体也无须将未成年人的具体情况、处理决定等告知检察机关，使得检察机关的法律监督职能无法得到充分发挥，检察机关在进出校评估、在校教育矫治、出校跟踪考察等方面存在职能虚化、履职缺位的现象。再如，在未成年人被决定送入专门学校后，便需要接受由专门学校制定的方案进行教育矫治。但在这一过程中，目前检察机关除了入校开展法治宣传教育、举办专题讲座等之外，尚无法通过其他途径、机制参与到专门学校的日常管理工作当中，对专门学校开展专门教育的具体情况无法实现有效监督。除此之外，目前未成年人检察工作衔接专门教育工作的范畴仍局限于依托刑事案件办理的观护帮教、普法宣传等，而在强化未成年人检察融合履职的新形势下，如何拓展延伸检察职能，针对专门学校师生、家长群体开展民事、行政、公益诉讼综合检察监督亟须提上议事日程。

综上所述，对于相关主体所作出的具体决定，以及专门学校对于学员的管理措施、手段、效果等方面，检察机关欲发挥法律监督职能尚缺乏规范性文件及相关衔接机制的有力支撑，实践中也鲜有监督措施的落实。因此，检察机关对专门学校未成年人的权益保障工作存在制度和执行两方面的不足，亟须完善。

四、检察机关助推专门学校与专门教育发展的路径完善

（一）相关制度的完善

1. 明确专门矫治教育的司法性质

为了最大限度地保护未成年人的利益，专门教育的决定应当极为

谨慎。[①] 同时需要注意的是，就强制入校程序而言，普通专门教育[②]与专门矫治教育在性质、具体内容等方面均存在较大差异，因此需要根据不同的逻辑进路进行相应的制度设计。就普通专门教育而言，其适用对象为具有严重不良行为的未成年人，在其父母或者其他监护人、所在学校无力管教或者管教无效的情况下，要求其接受专门教育属于国家行使行政权的直接体现；反观专门矫治教育，其实际上是承继了原有刑事司法领域的收容教养制度，适用对象为触犯刑法但因未达刑事责任年龄而不受刑罚处罚的未成年人。同时，在对人身自由的限制方面，《预防未成年人犯罪法》第45条明确进行专门矫治教育的专门学校实行“闭环管理”，这便意味着一旦决定进行专门矫治教育，罪错未成年人就会处于一种与社会相对隔绝的状态，其人身自由将会受到一定限制甚至被剥夺，其对基本权利的干预程度甚至不亚于刑事强制措施，更加强调以专业视角进行实质审查。因此，专门矫治教育具有司法性质，服务于决定合理性和手段正当性[③]，其决定程序应当遵循司法权运作的逻辑。

在明确专门矫治教育司法属性的基础上，本文认为，其适用与否不应当经由行政式的决定程序，而应由司法机关进行审查，且由检察机关担任这一角色为宜。原因在于，目前各级检察机关很多都设立了未成年人检察工作办公室，在机构设置与具体职能上更加具有专业性，具有丰富的案例资源和显著的实践优势，并且未成年人实施的不良违法行为往往处于一般违法与犯罪之间的模糊地带，其评估与认定通常是一个较为复杂的法律问题，因而由检察机关承担这

① 参见林维：《未成年人专门教育的适用难题与制度完善》，载《探索与争鸣》2021年第5期。

② 根据适用对象的不同，可将专门教育划分为“普通专门教育”与“专门矫治教育”，前者适用于违警未成年人，后者适用于触法未成年人，两者同属于专门教育制度体系。参见郑博文、何显兵：《专门矫治教育制度的检视与型塑》，载《广西警察学院学报》2022年第3期。

③ 参见陈小彪、柳佳炜：《论未成年人专门矫治教育的行刑衔接——基于罪错未成年人教育矫治之体系性建构》，载《中国青年社会科学》2023年第2期。

一职责更加科学合理。

综上所述，本文认为，考虑到《预防未成年人犯罪法》修订不久，而过于频繁的立法修订工作显然不利于法律的权威与稳定性，因此可以通过其他相关法律予以进一步完善。例如，在未来刑事诉讼法及相关法律修改中明确专门矫治教育的司法属性，回应专门矫治教育这一措施在合法性、正当性等方面存在的疑问，以此区别于遵循行政逻辑的普通专门教育。

2. 优化罪错分级与年龄分段体系

《预防未成年人犯罪法》第 2 条指出，"对未成年人的不良行为和严重不良行为及时进行分级预防、干预和矫治"。结合《预防未成年人犯罪法》中的其他条文，不难发现，目前我国将需要干预、矫治的行为划分为不良行为和严重不良行为两类，其中对于严重不良行为，根据具体情形可由相关主体决定送入专门学校接受专门教育或者专门矫治教育，由此形成了我国预防未成年人犯罪分级干预体系的基本框架。

需要指出的是，罪错分级制度仍有进一步完善的空间。一方面，专门教育应当适应刑事案件程序分流情况，实现罪错未成年人分级干预机制与刑事案件程序分流的有机融合。[①] 结合检察机关的相关职能，审查起诉的程序分流，主要涉及检察机关针对未成年人所作出的相对不起诉或者附条件不起诉决定，而这类未成年人仍具有接受专门矫治教育的必要。毕竟，被检察机关作出不起诉决定的未成年人在事实上已经构成犯罪且具备有责性，而仅是基于客观因素的考量才不予起诉。因此，在具体的个案中，与那些因未达刑事责任年龄而不受刑罚处罚的未成年人相比，被作出不起诉决定的未成年人可能同样需要接受专门矫治教育。然而，根据《预防未成年人犯罪法》的规定，专门矫治教育的对象仅包括因不满刑事责任年龄而不

① 参见宋英辉、钱文鑫：《我国罪错未成年人分级干预机制研究——以专门教育为核心抓手》，载《云南师范大学学报（哲学社会科学版）》2022 年第 6 期。

受刑罚处罚的未成年人，而被不起诉的未成年人能否被送入专门学校、检察机关在审查起诉阶段能否直接作出送入专门学校的决定，立法上语焉不详。因此，需要在相关刑事法律中加快完善未成年人罪错分级与刑事案件程序分流衔接机制，将被不起诉的未成年人纳入专门矫治教育的具体对象，最大限度发挥专门教育挽救未成年人的功能。

另一方面，专门教育也应当考量不同年龄段未成年人的身心特点与自身发展需要，突出专门教育的针对性与有效性。从实践观察来看，未成年人一般是 10 周岁至 12 周岁开始有不良行为，13 周岁至 14 周岁开始出现违法犯罪，15 周岁至 16 周岁进入犯罪的第一个高峰期。[①] 因此，对于处于不同年龄阶段的未成年人，需要因人制宜地制订教育方案，实现专门教育的精准化与个别化。同时也应当认识到，未成年人接受专门教育的过程也是一个积极适应社会的过程，在发挥专门教育纠正未成年人不良行为作用的同时，也需要保障未成年人的受教育权，使得完成专门教育的未成年人能够积极地适应社会、完善自身。《预防未成年人犯罪法》第 12 条明确："预防未成年人犯罪，应当结合未成年人不同年龄的生理、心理特点，加强青春期教育、心理关爱、心理矫治和预防犯罪对策的研究。"从权益保护的维度分析，罪错未成年人的年龄正处于接受义务教育阶段，专门学校应提供义务教育，保障罪错未成年人享有平等的接受义务教育的权利，发挥教育保护作用。[②] 针对实践中专门学校存在过分强调义务教育而忽视职业教育的情况，本文认为，在明确分隔管理的基础上，应当进一步细化专门学校中的年龄分段体系，并优化专门学校的教学内容，具体落实《预防未成年人犯罪法》在分级分类教育

① 参见苑宁宁：《未成年人司法新模式：罪错行为分级处遇》，载《人民检察》2020 年第 19 期。

② 郭开元：《法治视野下专门学校的功能及其实现》，载《中国青年社会科学》2021 年第 3 期。

方面的要求。具体而言，对于12周岁以下的未成年人，原则上不作为专门学校的接收对象，而是由其监护人、学校等进行看护管教；对于12至14周岁的未成年人，由于其大多处于义务教育阶段，因此应当充分保障未成年人的受教育权，兼顾文化教育与行为干预；对于14至16周岁的未成年人，可适度开展职业技术教育；而对于16至18周岁的未成年人，应当重点关注职业技术教育，在开展专门教育的同时为其步入社会创造良好条件，防止完成专门教育的未成年人因无法适应社会而再次走上违法犯罪的道路。

（二）实施机制的构建

1. 建立专门矫治教育的司法审查程序

如前所述，专门矫治教育的适用对象为触犯刑法而不受刑罚处罚的未成年人，因此，其适用与否的决定程序应当遵循司法逻辑，且由检察机关作为审查主体为宜。同时，被作出相对不起诉或者附条件不起诉决定的未成年人，由于其行为同样触犯刑法，具备一定的社会危险性，检察机关对此不能“一放了之”，也应当将此类未成年人纳入专门矫治教育的对象范围当中，实现刑事案件程序分流与未成年人教育矫治的有效衔接。由此可见，有必要建立专门矫治教育的司法决定程序，检察机关在对相关未成年人进行充分评估的基础上，依法作出是否送入专门学校的决定。本文认为，结合检察机关自身的办案与监督职能，可以从以下两个方面进行完善。

其一，公安机关在办案中发现的因未达刑事责任年龄而不受刑罚处罚的未成年人，在完成初步的调查取证工作后应当将相关材料移送检察机关，检察机关应当围绕未成年人的生活情况、身心特点、实施犯罪原因等方面进行评估，充分听取未成年人的监护人、所在学校的意见并形成调查评估报告，若认为有必要送入专门学校接受专门矫治教育的，应当向公安机关发出《建议送专门学校意见书》。对此，公安机关若无不同意见的，应当与教育行政部门安排进一步的专门矫治教育工作；若存在不同意见的，应当提交专门教育指导委员会通过听取各方意见的方式统筹决定，对于专门教育指导委员会作出的决定，检察机关与公安机关应当执行，并向未成年人及其监护人宣布决定结果。如此，一方面实现了决定程序的司法性质，明确了检察机关的主体责任，避免出现相互扯皮、相互推诿的局面；另一方面也体现了对适用专门教育矫治的审慎态度，提升决策的科学水平。

其二，检察机关对于被作出相对不起诉、附条件不起诉的未成年人，综合考虑案件的具体情况可以直接作出送入专门学校接受专门矫治教育的决定。当然，检察机关可以视情形决定是否采取听证程序，听取包括未成年人、父母或者其他监护人、公安机关等在内的各主体的意见。其中，对于相对不起诉的未成年人，专门矫治教育期限不宜过长，以3个月至6个月为宜，并可根据未成年人的教育矫治情况适当延长或者缩短期限；对于附条件不起诉的未成年人，可将专门矫治教育纳入考察期限当中，即在6个月至1年的幅度中进行选择。对于考察期限内完成专门矫治教育的未成年人，检察机关应依法作出不起诉决定。

2. 构筑检校共同参与的教育矫治体系

针对未成年人的专门教育离不开检察机关与专门学校的共同参与。观察附条件不起诉的立法规范与实践状况可知，被附条件不起诉的未成年人的监督考察主体是检察机关，并主要通过定期汇报活动情况、开展社区公益服务、遵守相关禁令等多种形式进行监督考察，其中往往离不开其他组织如学校、社区的参与。同样地，在推进专门教育的背景之下，检察机关同样需要积极地参与对未成年人的具体教育矫治工作，以此协同构建多方参与的教育矫治体系。对于已被送入专门学校接受专门教育的未成年人，检察机关与专门学校应在帮教方案制定与帮教效果评估两方面进行相应衔接。

一方面，检察机关应当与专门学校建立经常性联系机制，共同为送入专门学校的未成年人制定个性化的教育矫治方案，并做到持续跟踪帮教。就专门学校内所开展的义务教育与职业教育而言，由教育行政部门具体负责即可；而对于未成年人的矫治工作，则离不开各职能部门的参与。其中，检察机关未成年人检察部门应当结合自身办案经验，对各未成年人的行为性质、身心特点、成长经历等方面的情况进行科学评估并给出意见，为未成年人分级干预、分类管理创造前提性条件。例如，C市检察机关在长期办案过程中，打造出包括思想道德教育、法治教育、技能培训等在内的“七色光”帮教矫治品牌、建立了“莎姐”工作站等，形成了一些可资借鉴的宝贵经验。同时，检察官应当积极履职，定期到校对未成年人开展法治教育、心理疏导等工作，通过联席会议等形式同专门学校帮教老师了解情况、交流经验，切实推进检校合作机制规范化、常态化。

另一方面，检察机关应当与专门学校共同制定教育矫治效果评估标准，由专门学校帮教老师进行日常考核，并在未成年人教育矫治期限届满需要离校时形成考核报告反馈至检察机关。其中，对于专门矫治教育的审查应当更加严格，因为其入学程序的启动主体为检察机关，基于“谁启动、谁负责”的一般逻辑，同样需要在离校程序中发挥检察机关的主导作用，构建专门学校与检察机关双重把关的程序机制；而对于接受普通专门教育的未成年人，专门学校作出准许离校的处理意见后，应当由教育行政部门做好后续的对接工作，将教育矫治效果评估作为检察机关事后审查的事项即可。

3. 加大检察机关对专门教育的监督力度

“进入新时代以来，检察机关以重大改革为契机构建了‘四大检察’新格局，‘法律监督’的内涵也在职能优化方面呈现出新的发展。”[①] 可以说，随着时代的不断进步，社会各领域的关系也会愈加复杂，以往那种以刑事检察为中心的法律监督体系需要顺势而变、

① 王海军：《“法律监督”概念内涵的中国流变》，载《法学家》2022年第1期。

符合时代发展的客观需要，未成年人专门教育领域也是如此。《预防未成年人犯罪法》第 60 条明确；“人民检察院通过依法行使检察权，对未成年人重新犯罪预防工作等进行监督。”需要注意的是，检察机关此处的“监督”并非对未成年人履行义务情况的监督，而是围绕专门教育这一核心问题而构建的全方位监督体系，包括案件线索挖掘、教育矫治工作监督、民事行政公益诉讼等方方面面，并落脚于保护未成年人这一终极目的。具体而言，可以从以下几方面寻求着力点：

其一，案件监督线索挖掘方面。长期以来，检察机关未成年人检察业务主要来自公安机关的案件移送，且以刑事案件为主，引发了诸如未成年人保护时间滞后、检察机关就案办案等问题。为克服检察机关被动受案、消极履职等问题，检察机关应当拓宽案件线索来源，以更加积极主动的姿态参与未成年人犯罪预防工作。一方面，检察机关应当与公安机关、教育机构、社会营业场所等主体建立信息通报机制，拓宽线索收集及畅通移转渠道，对未成年人的不良行为、严重不良行为甚至犯罪行为进行及时的分类干预；另一方面，检察机关应当完善自身体制机制建设，推进未成年人检察业务集中统一办理。“未检检察官不仅要精通刑事检察业务，也要了解民事、行政、公益诉讼检察流程；既要熟悉普通检察业务的要点，更要掌握未成年人检察业务的特色和规律。”① 未成年人违法犯罪是一个复杂的社会问题，在办理未成年人刑事案件时，检察机关需要注重铲除其背后的滋生土壤，防止类似案件的再次发生。因此，应当以未成年人刑事检察部门为核心，在办案过程中拓展民事、行政、公益诉讼监督线索，并适时总结类案形态，加强源头治理。

其二，教育矫治工作检察监督方面。检察机关既要参与对未成年人的教育矫治工作，也要对专门学校、公安机关、教育行政部门等

① 童建明：《最有利于未成年人原则适用的检察路径》，载《中国刑事法杂志》2023 年第 1 期。

主体依法实行法律监督，防止出现相关主体未依法履职，甚至侵害未成年人合法权益的情形。一方面是对启动与转出程序的监督。例如，教育行政部门与公安机关对于依照行政程序认为需要送入专门学校，以及审批准予离校的决定，应当将相关情况通知检察机关，实现全过程留痕，便于检察机关了解情况、适时开展事后监督。另一方面是对教育矫治过程的监督。检察机关在深入专门学校协助开展法治教育、检察官履行法治副校长职责的同时，可以通过诸如向未成年人就教育矫治工作中存在的问题了解情况、听取意见。同时，应当重点关注专门学校帮教老师的监督，包括资格选任、帮教具体内容、是否存在体罚虐待情形等方面。

其三，民事行政检察监督方面。如前所述，未成年人违法犯罪是一个社会问题，需要多方主体的共同参与，形成严密的未成年人犯罪预防体系。对于检察机关而言，应当通过民事行政检察监督等手段对其他负有法定职责的主体进行督促，保证其依法履职。一方面，检察机关应当善于运用检察建议，维护社会公共利益。例如，检察机关对于专门学校不具有办学资格、教育行政部门履行职责不到位或者怠于履行职责的，可以提出检察建议，督促相关行政机关切实履行职责，防止未成年人教育矫治工作失序。另一方面，检察机关需要关注未成年人保护工作，尤其在家庭教育领域。例如，对于监护人不履行法定监护职责、不加以制止未成年人不良行为的，在综合考虑各方面情况的前提下，可以对其制发督促监护令，并统筹社会各方如社区、团委、志愿者组织的力量，引导监护人依照督促监护令的内容，正确、充分地履行监护职责。

（三）配套措施的跟进

1. 地方财政专项保障

检察机关融入专门学校助推专门教育的基础性前提是专门学校的有效建设与发展。《预防未成年人犯罪法》第 6 条明确："省级人民政府应当将专门教育发展和专门学校建设纳入经济社会发展规划。”专门学校的设立是一项系统性工程，需要综合考虑行政区划设置、司法实践具体状况、未成年人分级管理等问题。因此，专门学校的建设问题应当由省级政府会同多部门进行统筹，明确设立数量、设立区域、接收学生对象等内容，以防专门学校建设工作走向混乱无序。例如，对于哪些专门学校允许接收女性未成年人、哪些专门学校负责开展专门教育矫治，应当由省级人民政府统一部署。在此基础上，专门学校的具体组建与日常管理工作应当由地方各级政府成立的专门教育指导委员会负责，并将相关事项纳入地方财政专项计划当中。

2. 职能部门联动配合

专门学校的专门教学与日常管理涉及众多部门，在充分发挥各部门的自身优势、形成多元主体参与下的未成年人犯罪预防体系的同时，也要明确主体责任，防止出现工作缺位、各自为战、“九龙治水”的局面。因此，基于检察机关法律监督机关的宪法地位以及未成年人教育矫治工作的特殊性质，应当强化各职能部门之间，尤其是检察机关与教育行政机关之间的协作配合关系。一方面，专门学校本质上属于教育机构，直接受教育行政部门管理，其具体课程设置、教师资源配置、教学秩序维护等既是教育矫治工作的重要内容，也具有较强的专业性，因此应当由教育行政部门具体负责。另一方面，检察机关作为司法机关与法律监督机关，应当着眼于专门学校学生入学、离校评估工作等事项，在保证不越俎代庖的基础上深化检察综合履职，配合未成年人教育矫治工作。此外，检察机关还应当将未成年人教育矫治工作同数字检察战略相结合，通过相关办案数据的筛查、比对、碰撞等查找办案监督线索，提升未成年人检察工作的效能。例如，检察机关在办理案件过程中，发现经由某一学校送入专门学校的学生数量过多时，应当对该学校日常教学工作、预防犯罪教育情况、周边社会环境等进行考察，并提出相应的处理意见。

3. 社会力量服务支持

尽管全国不少地方检察机关已设立了未成年人检察工作办公室，但囿于未成年人教育矫治工作鲜明的技术性与专业性，单靠检察机关难以全面胜任相关工作。因此，较为可行的方案便是引入社会力量的参与，借助相关主体的专业知识助推未成年人教育矫治工作。例如，检察机关可以通过购买社会服务的形式，将一些专业性较强的工作或者辅助性工作交由相关社会机构完成，如未成年人社会调查报告、个性化心理矫治服务、心理量化分析评估等，将其作为检察机关作出相应决策的参考。又如，对于教育矫治期限届满的学生，需要就业的，人力资源和社会保障部门需要支持其就业创业，必要时为其寻求、联系就业单位等。总之，完善的未成年人教育矫治工作离不开各主体的充分参与，需要各司其职，最终形成“国家—社会—学校—家庭”多主体下的未成年人犯罪预防体系。

工作研究

未成年人检察综合履职过程中遇到的问题及对策

郭斐飞　王　海*

自2018年未成年人检察业务集中统一办理工作启动试点、2021年在全国检察机关全面推开以来，全国检察机关未检部门坚持以习近平新时代中国特色社会主义思想为指导，深入贯彻习近平法治思想，认真落实各级院党组部署要求，以“高质效办好每一个案件”为引领，以“四大检察”综合履职为路径，以主动融入其他“五大保护”为支撑，持续发挥未检业务集中统一办理优势，健全综合履职、全面保护工作模式，用心用情呵护未成年人健康成长，未成年人检察工作取得新成效。2023年，共办理各类涉未成年人案件14万件。其中，涉未成年人刑事案件10.7万件16.2万人，同比分别上升22.3%、23.1%；未成年人民事、行政、公益诉讼案件数量大幅上升；综合履职工作扎实推进，发现关联案件效果明显。① 与此同时，也暴露出一些检察机关在综合履职过程中存在办案质效不高、打击侵害未成年人犯罪力度不够、未检综合履职办案规范化还需提升等诸多问题。为进一步深化综合履职，不断推动未成年人检察工作高质量发展，我们以问题为导向，在前期对近三年来各地开展综合履职情况进行调研的基础上，归纳梳理未成年人检察综合履职的基本

---

* 郭斐飞，最高人民检察院未成年人检察厅主办检察官、二级高级检察官；王海，最高人民检察院未成年人检察厅三级高级检察官。

① 数据来源于最高人民检察院《未成年人检察工作白皮书》，下同。

情况，结合掌握的典型案例，查找出未成年人检察综合履职过程中遇到的主要问题，并提出对策建议。

一、未成年人检察综合履职基本情况

2021 年以来，全国检察机关坚持惩治与预防相结合，未成年人犯罪的不捕率、不诉率稳中有降，附条件不起诉率基本持平；加强双向保护，强化综合履职，促进“六大保护”融通发力。未成年人检察综合履职呈现出以下特点：

（一）未成年人犯罪案件数量总体呈上升趋势，不捕率、不诉率同比下降

2021 年至 2023 年，检察机关受理审查逮捕未成年犯罪嫌疑人分别为 5.5 万人、4.9 万人、6.6 万人，受理审查起诉未成年犯罪嫌疑人分别为 7.4 万人、7.8 万人、9.7 万人，2023 年受理审查逮捕、审查起诉人数较 2021 年上升 20% 和 31.1%，去除疫情影响，受理案件数量总体呈上升趋势。2021 年至 2022 年，不捕率、不诉率持续升高，分别自 2022 年第四季度、2023 年第一季度达到历史峰值后开始回落。被害人不服不起诉提出申诉案件数量、检察机关维持原决定数量总体持平。附条件不起诉适用率持续平稳上升，自 2023 年第二季度达到历史峰值后小幅回落。以上情况表明，检察机关在涉未成年人刑事犯罪案件数量持续上升的形势下，坚持惩治与预防相结合，依法严惩侵害未成年人犯罪，教育感化挽救涉罪未成年人，宽严相济刑事政策得到较好落实，案件质量总体保持稳定。

（二）未成年人犯罪低龄化趋势明显，罪名相对集中，涉网络犯罪升幅较大

2021 年至 2023 年，检察机关受理审查起诉未成年犯罪嫌疑人 24.9 万人。其中，已满 14 周岁不满 16 周岁的犯罪嫌疑人 2.3 万人，

占受理审查起诉未成年犯罪嫌疑人总数的9.2%。受理审查起诉人数较多的罪名依次为盗窃罪、强奸罪、抢劫罪、聚众斗殴罪、寻衅滋事罪，五罪合占全部未成年人犯罪起诉人数的70%。需要指出的是，涉电信网络诈骗及其关联犯罪起诉人数上升幅度较大。2023年，利用网络实施的诈骗罪，帮助信息网络犯罪活动罪，掩饰、隐瞒犯罪所得、犯罪所得收益罪，同比分别上升220%、16.7%和92.1%，合占未成年人犯罪的8.5%。以上情况表明，盗窃、强奸、抢劫等传统罪名依然是未成年人涉罪的主要类型，但随着社会的发展和互联网的普及，未成年人涉网络犯罪、犯罪低龄化等新动向亟须加以关注。

（三）侵害未成年人案件数量增幅明显，性侵犯罪仍是侵害未成年人犯罪主要类型

2021年至2023年，检察机关批准逮捕侵害未成年人犯罪分别为4.6万人、3.9万人、5.3万人，起诉侵害未成年人犯罪6.0万人、5.8万人、6.7万人，2023年批准逮捕、起诉侵害未成年人犯罪人数较2021年上升15.2%和11.7%。除2022年略有下降外，侵害未成年人案件数量总体仍呈上升趋势。起诉人数较多的罪名依次为强奸罪，猥亵儿童罪，抢劫罪，寻衅滋事罪，强制猥亵、侮辱罪，共计占全部侵害未成年人犯罪的68%。2021年以来，性侵害未成年人犯罪案件人数逐年上升。2023年，起诉强奸、猥亵儿童等性侵害未成年人犯罪4.2万人，同比上升14.3%，占侵害未成年人犯罪的62.7%，起诉组织未成年人违反治安管理活动罪同比上升210%。以上情况表明，侵害未成年人犯罪形势依然十分严峻，各地亟须加大对性侵害未成年人、组织未成年人有偿陪侍等违法犯罪活动的打击力度。

（四）涉未成年人民事案件支持起诉质效明显，家庭督促监护逐步规范

2021年至2023年，检察机关受理涉未成年人支持起诉案件分别

为 0.17 万件、0.34 万件、0.78 万件，同比分别上升 100% 和 129.4%。2023 年，支持起诉 0.69 万件，法院采纳支持意见 0.67 万件，占支持起诉的 97.1%，民事支持起诉法院采纳率连续三年来处于较高水平。支持起诉类型主要集中在婚姻家庭、继承纠纷、人格权纠纷、侵权责任纠纷、监护权监督等案件类型。结合办案，共向涉案未成年人的监护人制发“督促监护令”13.3 万人。其中，向涉罪未成年人的监护人发送 9.9 万人，向未成年被害人的监护人发送 3.1 万人，探索向涉未民事案件中未成年人的监护人制发“督促监护令”，督促监护人积极履行监护职责。

（五）涉未成年人保护公益诉讼案件增量较大，行政公益诉讼起诉案件、行政诉讼监督案件总量偏少

2021 年至 2023 年，检察机关立案办理涉未成年人保护公益诉讼案件分别为 0.66 万件、0.97 万件、2.4 万件，同比分别上升 46.9% 和 147.4%，增幅明显。2023 年，民事公益诉讼案件发布公告 106 件，较 2022 年持平。行政公益诉讼案件提出检察建议 1.3 万件，同比上升 85%。提起未成年人保护公益诉讼 65 件，同比上升 14%。已起诉公益诉讼案件中，绝大多数为民事公益诉讼起诉案件，行政公益诉讼起诉案件数量少。此外，在未成年人刑事执行、民事、行政案件审判和执行活动监督中，绝大多数为对刑事执行、民事审判和执行程序监督案件，行政审判程序、行政执行活动违法监督案件数量少。

（六）综合履职工作扎实推进，发现关联案件效果明显

2023 年，检察机关共开展综合履职未成年人案件 2.7 万件。经综合履职衍生案件 3.2 万件。其中，民事支持起诉案件 0.66 万件，行政公益诉讼案件 2.3 万件，二者共占 92.5%。在办理未成年人刑事案件中，同步审查发现涉案未成年人民事、行政权益及公共利益

遭受损害线索，产生案件3.1万件，占综合履职产生案件总数的96.9%。从民事检察案件中发现其他案件线索综合履职产生案件，与从公益诉讼检察案件中发现其他案件线索综合履职产生案件基本持平，二者共占综合履职产生案件总数不足4%。以上情况表明，自2023年优化综合履职适用率以来，检察机关综合履职工作全面推进，从未成年人刑事案件中综合履职发现关联案件效果明显，但从民事、公益诉讼案件中发现关联案件潜力亟待挖掘。

二、未成年人检察综合履职中存在的主要问题

（一）办理涉未成年人犯罪案件质效有待提高

总体来看，各地检察机关在办理未成年人犯罪案件中秉持“教育为主、惩罚为辅”的原则，对未成年人犯罪案件进行“转向处置”，从最有利于未成年人的角度出发，依法进行特殊保护、优先保护，但也存在一些影响办案质效的问题。有的办案人员对未成年人犯罪案件不捕、不诉、附条件不起诉的适用条件把握不准。有的对主观恶性深、矫治难度大、再犯可能性高的涉罪未成年人适用附条件不起诉，没有结合前科等情况对“有悔罪表现”进行整体衡量。有的对涉及多次类似违法行为的盗窃等成瘾性犯罪，或者涉及团伙型犯罪，并有严重不良习惯，屡次违法涉罪难以体现真正认罪悔罪的犯罪嫌疑人，仍然直接作出附条件不起诉决定。有的对本应适用相对不起诉的未成年犯罪嫌疑人，因考虑到考察一段时间对其更为有利而改作附条件不起诉。有的对于一些依法应当起诉或相对不起诉的案件适用附条件不起诉。如某区院办理的成年人韩某与未成年人姜某盗窃案，两人均属于犯罪数额较小且具有自首、退赔、取得被害人谅解、自愿认罪认罚等情节，应当依法作出不起诉，但对成年人韩某作相对不起诉，对未成年人姜某作附条件不起诉。还有的对违反附条件不起诉监督管理规定“情节严重”的，撤销附条件不

起诉决定不够果断，甚至为追求高不捕率对部分恶性案件犯罪嫌疑人作出不捕决定。

（二）打击侵害未成年人犯罪工作力度有待加大

个别办案人员司法理念不正确，把握证据条件和证明标准不到位，没有充分考虑未成年人心智不成熟的情况和准确掌握案发时被害人的真实心理，单纯以双方平时交往状态推断被害人的自愿性而盲目适用“存疑有利于犯罪嫌疑人”，导致部分案件当捕不捕、当诉不诉，影响检察公信力。如对如何认定明知被害人为幼女存在模糊认识，一些办案人员过分关注犯罪嫌疑人辩解或被害人陈述，对案件缺乏整体把握及审慎判断，将“明知”错误理解为“告知”，造成部分案件打击不力。有的对事实认定复杂、证据审查判断要求高的疑难复杂案件，提前介入引导侦查工作不扎实，不能有效运用补充侦查等手段有力查证犯罪事实。有的对法检认识分歧案件，不能有效运用常情、常识、常理和经验法则进行说理并形成内心确信，担心起诉后判决无罪而不敢依法起诉或起诉后主动撤诉。法院判决后，往往只是进行简单的裁判文书程序性审查，审判监督职能发挥不充分，抗诉工作力度有待加大。有的对监督推进解决重点人群、重点场所、重点领域问题不够有力，对不履行强制报告义务、不按规定开展入职查询等问题，立案监督能力不足，教职员工性侵害未成年学生、公职人员性侵害未成年人，宾馆、酒店违规接纳未成年人，KTV 有偿陪侍、未成年人“拉皮条”、网络传播色情信息诱发性侵害犯罪等问题尚未得到根本解决，有的甚至在引发舆情后才启动立案监督程序。

（三）区域发展、业务发展不均衡问题仍较为突出

受工作基础、人员素能等因素影响，未检业务集中统一办理地域之间、业务之间工作发展不均衡。在地域方面，通常来讲，刑事检

察工作发展较好、基础较好的地区，集中统一办理工作推进也相对较好。涉未成年人民事诉讼监督、行政诉讼监督工作，地区差异尤为明显。受案数量前六名的省份，受理的民事生效裁判监督案件占全部案件的近六成，而其余地区合计占比仅四成多。受案数量前五名的省份，受理的行政生效裁判监督案件占全部案件的3/4，其余地区合计占比仅1/4。在业务方面，民事支持起诉工作发展较快，但对民事生效裁判文书不支持监督申请率高、抗诉改变率低，案件类型主要与财产相关，其他权益关注度不够，办案效果还有待提升。有的对涉未成年人民事案件支持起诉必要性把握不准，片面追求数量增加，影响案件办理质效。案件来源主要经由履职中发现，当事人申请等其他渠道获取线索少。行政检察监督工作力度不够，部分地区未有效开展行政生效裁判监督工作，对执行活动监督较为薄弱的态势尚未得到根本性扭转。公益诉讼未检业务发展整体向好，但民事公益诉讼相对滞后，不少地区尚未立案办理民事公益诉讼案件。行政公益诉讼起诉案件少，行政公益诉讼问题近乎百分百通过诉前程序解决，监督刚性不足，办理的类型主要围绕发布的典型案例开展，对案件范围的拓展力度不够，有的甚至存在对同一行政机关同类违法行为先后数次立案等情况。

（四）未成年人检察综合履职效能尚未充分释放

未成年人检察综合履职适用率是充分调动未检干警履职积极性，促推“四大检察”职能统筹运用，强化未成年人综合保护实效的案件质量评价指标。但有的整体观念和系统思维欠缺，对最有利于未成年人原则、“四大检察”综合履职理念的理解不深不透，对统筹职能、综合履职、全面保护的规律要求、路径方法掌握不够，片面追求综合履职高数值，不切实际“争先恐后”。个别干警既不熟悉民事、行政、公益诉讼一般办案规则，对未成年人保护特殊规律要求的理解和把握也不到位，综合保护素能跟不上。有的将仍在办理过程中的民事支持起诉案件的案卡“技术性”填录为已办结。如某区院办理的张某诉陈某等人人身损害赔偿案，在该案尚未得到终局决定时，提前填写为“采纳支持起诉意见”。有的将涉案人员、涉案事实没有直接关联的案件，作为综合履职“衍生”案件办理。有的把社会治理类检察建议，以行政公益诉讼立案办理，等等。

三、加强未成年人检察综合履职的对策建议

（一）加强理念引领，提高未成年人涉罪案件办理质量

坚持“预防就是保护，惩治也是挽救”新理念，把“保护、教育、管束”落实到位，始终把案件质效放在首位。坚持规范严格，依法准确适用不捕、不诉、附条件不起诉。充分考虑未成年人犯罪前科、家庭监护等具体个案的特殊情况，对于犯罪情节较轻，主观恶性不大，真诚认罪悔改的，依法适用不捕、不诉、附条件不起诉宽缓处理。对于涉及多次类似违法行为的成瘾性犯罪，或者涉及团伙犯罪，并有严重不良习惯的，屡次违法涉罪的，应慎重作出不捕、不诉、附条件不起诉决定。已经作出的，要加强后续跟踪帮教，并做好释法说理工作，减少不必要的申诉。对违法违规及错误作出不捕、不诉、附条件不起诉决定的，要敢于纠正。对不符合条件的，不能为提高附条件不起诉率强行凑数。对犯罪情节轻微符合不起诉条件的未成年犯罪嫌疑人，应依法适用不起诉，不能以附条件不起诉代替不起诉。

（二）突出特殊保护，依法加大侵害未成人犯罪从严惩治力度

认真落实“两高两部”《关于办理性侵害未成年人刑事案件的意见》《关于办理强奸、猥亵未成年人刑事案件适用法律若干问题的解释》，坚持对性侵未成年人犯罪“零容忍”，加大打击力度。加强办案工作指导，严格落实“三同步”要求，通过同堂培训、制发典型

案例、解读释义等多种形式，进一步统一未成年人证言的采信标准、性侵害犯罪入罪标准、“明知幼女”和“情节恶劣”的认定标准。加强对侵害未成年人案件的立案监督、侦查活动监督、审判监督，重点加强对性侵害未成年人不立案、不捕、不诉、判处无罪、免予刑事处罚及缓刑案件的监督审查，及时发现、纠正有罪不究、重罪轻判等问题。继续严格落实入职查询制度与强制报告制度，加强源头治理和防范。针对成年人引诱未成年人参与的犯罪，依法严厉打击，坚决遏制。加强对未成年被害人关爱救助工作。

（三）推进协同发展，促进未检集中统一办理贯通融合

坚持依法一体履职、综合履职，发挥未成年人检察业务集中统一办理的制度优势，强化系统审查、全面审查思维，积极探索更加契合未成年人案件特点的多维度集成式履职方式。坚持“高质效办好每一个案件”基本价值追求，紧紧抓住办案这个关键，切实加大未成年人“四大检察”办案力度，办理一批有影响、效果好、具有典型示范意义的精品案件，加快推动未成年人“四大检察”全面协调充分发展。注重发挥未成年人刑事检察对民事、行政和公益诉讼检察的支撑保障作用，推动未成年人检察向职能聚合、融合发展转型。着力解决民事检察“不专”“不会”等问题，注重质与量的统一。高度重视支持起诉工作的规范性，从保障诉权实质平等角度，准确把握民事支持起诉必要性。强化对行政生效裁判的监督力度，着力促进行政争议实质性化解。加强诉前程序与诉讼程序的衔接，突出公益诉讼检察的“精准性”和“规范性”，按照“可诉性”的标准和要求制发行政公益诉讼检察建议，对于一些检察建议仍解决不了的问题，要敢于以“诉”的确认体现司法价值引领，推动类案治理，促进社会治理。

（四）抓好“三个管理”，提升未检综合履职办案质量

树立正确政绩观，坚持实事求是、严格依法办案，抓好未成年人

检察“三个管理”专项工作，不能有数据冲动、华而不实，违背司法规律。对涉案人员、涉案事实没有直接关联的案件线索，要作为自行发现的案件线索另行办理，不得作为综合履职“衍生”案件办理。经综合履职发现的公益诉讼案件线索，要严把立案标准，严格审批程序，突出“可诉性”。对拟磋商结案的，要充分审视立案是否有误、行政机关是否已全面整改到位；对磋商结案后拟以同类问题再次立案、督促行政机关整改的，要结合前期磋商结案效果进行充分评估论证，谨慎处理。坚持做好综合履职质效风险防范，对辖区内综合履职变化明显异常的，要针对性做好案件评查、纠偏改错和质效提升工作。对已开展的行政公益诉讼案件，要做好跟踪监督和“回头看”，避免后续重复立案、反复监督，影响检察公信力。

未成年人社区矫正检察监督的问题检视与对策探究

——以山东省T县实践经验为例

冯梦晗　李　涛　刘　慧[*]

未成年人犯罪是一个复杂的社会问题，讨论未成年人刑事案件的定罪处罚也避不开未成年人成长环境中家庭教育、学校引导以及社会保护的缺位问题，这使得少年司法天然地便具有社会治理的属性。因此具备轻缓化、社会化、非监禁化特性的社区矫正制度对未成年罪犯的教育改造过程而言，契合了未成年人司法工作“教育、感化、挽救”方针和“教育为主、惩罚为辅”原则的要求。2024年6月，最高检发布《未成年人检察工作白皮书（2023）》，指出未成年人保护法律制度和保护责任尚待充分落实，应在检察工作中认真贯彻“预防就是保护，惩治也是挽救”的理念，规范涉未成年人刑事执行检察，深化综合履职，进一步发挥检察机关参与未成年人司法保护全过程的优势。为贯彻对涉罪未成年人的全面综合司法保护，以更高的质量、更完善的机制推进未成年人社区矫正检察监督工作，对未成年人犯罪的预防与治理具有重要意义。

于2020年7月1日起正式施行的《社区矫正法》，以专章规定为我国未成年人社区矫正工作的开展提供了坚实的法律支撑与制度保

* 冯梦晗，中国政法大学刑事司法学院2022级硕士研究生；李涛，山东省郯城县人民检察院党组成员、副检察长；刘慧，山东省临沂市人民检察院第一检察部四级检察官助理。

障，确立了针对性处遇、分别矫正、保密矫正等工作要求，同时对未成年人的复学、升学、就业等权益保护问题以及矫正队伍建设问题作出特别强调，充分体现了对未成年人社区矫正工作的特别保护与人文关怀。[①] 但检察机关在具体监督实践过程中，如何落实立法的规定以有效解决当下未成年人社区矫正存在的问题，提升监督工作质效，推动未成年人社区矫正工作的规范发展，是我们亟须解决的问题。本文立足于山东省L市T县未成年人社区矫正检察监督的工作经验，从监督理念、监督模式、监督机制等问题出发，对现有问题进行梳理分析，并提出针对性治理对策，以期为推进检察工作现代化、护航未成年人健康成长贡献更多智慧和力量。

一、未成年人社区矫正检察监督制度概述

（一）社区矫正

社区矫正作为一项非监禁的刑事执行制度，缘起于刑事实证学派对监禁矫正工作的反思，在罪犯再社会化思潮的推动下逐渐发展成熟。关于社区矫正的定义，在各国因不同的性质、适用以及管理制度存在不同界定，可分为最狭义、狭义、广义和最广义四种类型。最狭义的社区矫正往往指的是“社区刑罚”这一多元化刑种；狭义的社区矫正则囊括了非监禁化的行刑与矫正活动，不仅包括“社区刑罚”性质的非监禁刑，也包括传统监禁刑的替代执行措施；广义的社区矫正是指在刑事司法全流程、各环节中对社区罪犯的各种监督与帮助活动的总称；而最广义的社区矫正则包括在社区内开展的一切针对违法犯罪人员的教育矫治与惩罚制裁措施的执行与矫正活动。[②] 目前，依据《社区矫正法》，我国实行的社区矫正制度属于狭

① 肖艳秋、吴占英：《〈中华人民共和国社区矫正法〉关于未成年社区矫正对象处遇设计的人文亮色》，载《中国监狱学刊》2021年第3期。

② 王顺安：《论中国特色的社区矫正概念与性质》，载《宜宾学院学报》2021年第1期。

义的社区矫正范畴，适用对象为被判处管制刑、宣告缓刑、裁定假释、决定或者批准暂予监外执行的四类已决犯，注重对罪犯的再社会化教育改造、监管帮扶，以期预防、减少犯罪。

（二）未成年人社区矫正

未成年人社区矫正是指针对前述四类对象中入矫时未满18周岁的未成年人，由法定的司法行政机关及其人员在规定期限内依法对其开展的监督管理和教育帮扶活动，旨在矫正其行为认知、帮助其顺利复归社会。

联合国大会于1985年11月29日第40/33号文件通过《联合国少年司法最低限度标准规则》（北京规则），其中强调在少年罪犯的处遇问题上，应当充分调动包括家庭、学校、志愿组织以及社区团体在内的各种资源，采用多元化的处理措施，最大限度地避免监禁；而监禁刑的使用也应当具有“最后手段性”，也即“除非在别无任何其他适当办法时，才把少年罪犯投入监狱”，对少年罪犯自由的剥夺也应当控制在最低的限度之内。而在此之后通过的《儿童权利公约》《联合国保护被剥夺自由少年规则》及《联合国预防少年犯罪准则》（利雅得准则）也均体现出对涉罪未成年人应当尽可能避免适用监禁刑、优先适用教育措施，同时要充分重视涉罪未成年人社会化过程的国际共识。

当下我国针对罪错未成年人的司法处遇，立足于《未成年人保护法》《预防未成年人犯罪法》，确立起“教育、感化、挽救”的方针和“教育为主、惩罚为辅”的原则，强调对未成年人犯罪的预防、治理应当与教育保护相结合，与上述国际公约完成衔接配合。同时，《社区矫正法》对未成年人社区矫正作出专章特别规定，为我国未成年人社区矫正工作的开展提供了工作理念指导。一方面，未成年人社区矫正同样需要遵循监督管理与教育帮扶相结合、专门机关与社会力量相结合、个别化矫正等社区矫正基本原则；另一方面，针对保护未成年人的特殊要求，未成年人社区矫正应当特别遵循分别矫正与保密矫正原则，要求对未成年人的社区矫正应采取区别于成年人的、有针对性的矫正措施，对未成年人心理健康、监护教育、教育就业等问题给予特殊关注与引导，对在矫未成年人身份信息实行保密制度，考核奖惩和宣告不公开进行。

（三）社区矫正检察监督

根据《社区矫正法》及《社区矫正法实施办法》的规定，社区矫正由各级司法行政部门主管，县级以上各级政府根据需要设置社区矫正机构负责具体实施，法院、检察院、公安机关和其他有关部门依法做好社区矫正协同工作。检察机关依法对社区矫正工作的各方面、全流程实行法律监督。针对矫正工作推进过程和内容，未成年人社区矫正检察监督工作要重视未成年社区矫正对象身心上的特殊性，在检察工作开展过程中应当遵循、贯彻最有利于未成年人原则，坚持特殊、优先保护立场，在个案中充分考虑未成年人的个性化需求与意愿，综合各方因素探索、裁量儿童利益最大化的工作方案与措施，实现“保护、教育、管束”的目的统一。①

二、T 县未成年人社区矫正检察监督工作现状

（一）未成年社区矫正对象的基本情况

1. 数量方面。T 县人民检察院（以下简称 T 县院）辖区内近五年以来共计入矫 23 名未成年社区矫正对象，其中 2020 年入矫 2 人，2021 年入矫 3 人，2022 年入矫 5 人，2023 年入矫 11 人，2024 年入矫 2 人。截至 2024 年 6 月，在矫 13 人；矫正期满后依法解除社区矫正 8 人；2 人分别因不服从管理脱离监管超过 30 日、缓刑期间又犯

① 童建明：《最有利于未成年人原则适用的检察路径》，载《中国刑事法杂志》2023 年第 1 期。

罪被撤销缓刑、收监执行。

2. 性别方面。23 名未成年社区矫正对象中，2 名为女性，21 名为男性。

3. 年龄方面。入矫时 16 周岁以下的 4 人，16 至 18 周岁的 19 人；解矫时未满 18 周岁的 4 人，已满 18 周岁的 4 人。

4. 罪名和刑罚方面。T 县入矫未成年社区矫正对象均系宣告缓刑后接受社区矫正，犯强奸罪的 14 人，故意伤害罪的 2 人，盗窃罪的 2 人，聚众斗殴罪的 2 人，强制猥亵罪的 1 人，寻衅滋事罪的 1 人，交通肇事罪的 1 人。

5. 学历方面。T 县 23 名未成年社区矫正对象中，小学学历 2 人，初中学历 12 人，高中及以上学历 9 人。

可以看出，T 县院辖区内未成年社区矫正对象集中在 16 周岁以上，且男性偏多，同时所涉罪名以人身犯罪为主，这与未成年人所处的年龄阶段与性别特征有很大的关联性。此外，23 名未成年社区矫正对象中完成九年义务教育的比例为 91.3%。为此，进行未成年人社区矫正过程中应针对未成年人的背景情况、所处阶段进行针对性矫正。例如，16 周岁以上社区矫正对象往往面临参加工作、融入社会等一系列问题。对于已完成义务教育的社区矫正对象，可将社区矫正工作重点放至职业技能培训、劳动教育、法律文化教育之上。同时注重对青少年心理状况的关注，可委托专业心理咨询机构为未成年社区矫正对象提供心理辅导服务，帮助其完成由未成年人向成年人的过渡。

（二）社区矫正工作基本情况

1. 人员配套方面

T 县共有 14 个司法所，社区矫正工作者 22 人，存在基层社区矫正机构中人员紧张、工作不专的普遍情况。① 其中社区矫正专干人数

① 罗群：《未成年人社区矫正检察监督的困境及机制构建》，载《中国检察官》2021 年第 1 期。

18 人，兼职 1 人，县级矫正工作科 3 人；各乡镇司法所工作人员平均人数不到 2 人，缺少负责未成年人社区矫正的专门人员设置。社区矫正工作人员中，18 人具有法律专业学历背景，但均不具有教育学、心理学等专业知识。

2. 矫正措施方面

在常规矫正措施上，T 县地区在实际工作中要求未成年社区矫正对象遵守按时报到、按时提交思想汇报以及外出请销假等规定。为了确保对矫正对象的有效管控，为每个矫正人员建立档案，并实现手机定位、“在矫通” 打卡监管，完成对社区矫正对象的实时监控和精准管理。而在未成年人特别矫正措施上，T 县地区对未成年社区矫正对象的学习教育和报到程序进行了独立安排，确保与成年社区矫正对象分开进行；同时对未成年社区矫正对象的档案材料和社矫信息系统进行了消名处理，为未成年社区矫正对象的社会复归提供保障。

（三）未成年人社区矫正检察监督

1. 人员配置与部门配合方面

目前 T 县院中未成年人刑事检察工作共由 2 名检察官、1 名检察官助理负责，刑事执行检察部门由 1 名检察官、2 名检察官助理组成。根据山东省人民检察院下发的《山东省检察机关关于开展未成年人刑事执行检察、民事行政检察业务统一集中办理试点工作方案》，T 县院为 17 个首批试点院之一。在工作开展过程中，T 县院根据实际情况制定了《T 县人民检察院开展未成年人刑事执行检察、民事行政检察业务统一集中办理试点工作的实施方案》，明确了未检部门对未成年人社区矫正活动进行全方位监督职责，推动建立契合未成年人身心发展特性的特殊矫正机制。但在实践中，由于辖区内未成年人刑事案件数量较多，未检部门案件办理工作量较大，如 2019 年至 2023 年，T 县院办理涉未成年人一审公诉案件分别为

48 人、64 人、91 人、135 人、192 人，其中未成年人犯罪分别为 15 人、24 人、46 人、63 人、97 人。未检部门工作开展存在案多人少的问题，社区矫正监督力量不足，故此未成年人社区矫正检察工作仍以执检部门监督为主。

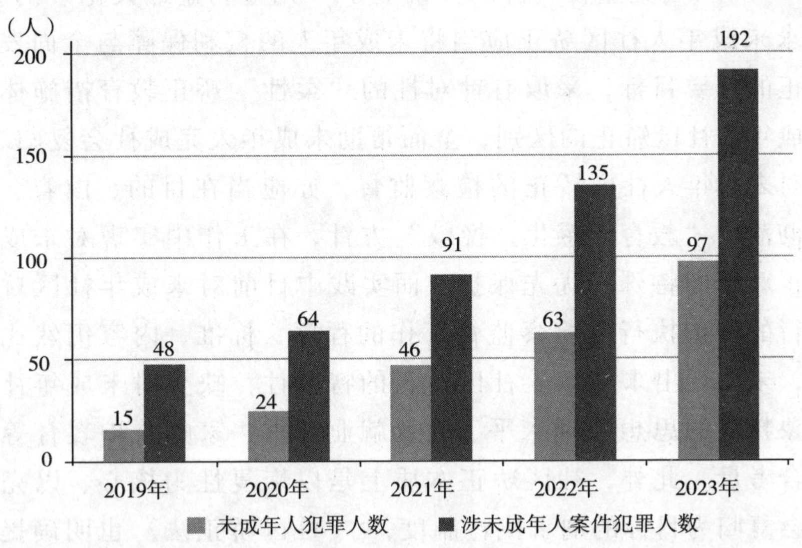

2. 监督方法手段方面

T 县院已实际运用大数据应用系统开展检察工作，2023 年以来利用山东省检察机关大数据监督平台中“社区矫正人员违规外出监督模型”“社区矫正对象被拘留脱管监督模型”对全县社区矫正对象外出情况和违法情况进行检察，发现了多名成年人违规违法线索，目前并未发现未成年社区矫正对象违规外出和违法犯罪线索。在未成年人社区矫正参与上，检察监督执检部门主要通过查看社区矫正档案、通过定位电话与社区矫正对象谈话、运用数据模型、与社区矫正机构联合检查等方式对社区矫正中的脱管漏管问题以及社区矫正对象报到入矫、管理教育、收监解除等各执法环节开展检察监督，发现监督线索。

三、未成年人社区矫正检察监督问题分析

（一）监督理念重监管

1990年，《儿童权利公约》确立了“儿童利益最大化”的原则，这要求未成年人社区矫正应当将未成年人的权利保障与全面发展作为矫正的首要目标，采取有针对性的“柔性”矫正教育措施体现出其与成年人社区矫正的区别，全面帮助未成年人完成社会复归。[①] 同理，对未成年人社区矫正的检察监督，亦应当在目的、内容、方式上贯彻落实“教育、感化、挽救”方针，在工作中实现对未成年社区矫正对象的特殊、优先保护。而实践中目前对未成年社区矫正对象进行的矫正执行与检察监督工作的程序、标准、内容仍然比照成年人，未体现出未成年人社区矫正的特殊性，缺少对未成年社区矫正对象特殊的思想心理水平、教育就业需求、家庭监护教育等方面的综合考量。此外，社区矫正本质上是以恢复性为核心、以完成罪犯社会复归为目标的刑事执行制度，[②]《社区矫正法》也明确提出社区矫正工作应坚持监督管理与教育帮扶相结合。而当前检察机关开展社区矫正监督工作以监督管理为主，教育帮扶检察力度不足，工作重心仍主要集中于矫正管理环节是否依法如期开展，重点关注社区矫正对象的入矫解矫环节以及管理过程中的脱管漏管问题，对于社区矫正措施教育矫治效果方面的监督相对薄弱。[③]

（二）监督模式未更新

当下，社区矫正检察工作的开展仍主要依赖通过文书抄送、查看

① 李岚林：《“柔性”矫正：未成年人社区矫正的理论溯源与实践路径》，载《河北法学》2020年第10期。

② 王顺安：《从刑罚执行到刑事执行——谈对社区矫正性质的认识》，载《河南司法警官职业学院学报》2020年第2期。

③ 刘颖、王亚卿、谢佳等：《社区矫正巡回检察的实践探索》，载《人民检察》2022年第6期。

档案进行书面检察以及通过不定期巡回检察、联合检查等方式进行实地检察，本质上仍然是以事后监督、程序监督为主，难以对社区矫正的核心执行环节系统开展深入、有效的监督。此外，社区矫正往往涉及教育学、心理学、社会学等多领域专业知识，但当前检察监督措施的专业化程度较低、较为粗放，基层检察监督工作队伍专业素质也有待提高，并不能满足对未成年人社区矫正教育矫治措施、矫正方案的效果、针对性与实际性等问题进行动态、事中、实时评估的实际需要，这不仅影响社区矫正工作的质量，也限制检察监督作用的发挥。

同时，检察监督中如发现社区矫正过程中的违法情形，主要通过提出纠正意见、检察建议的方式履行监督职责，被监督单位则将整改方案、采纳情况进行书面回复。这一反馈与再反馈的过程主要依赖文书沟通，强制约束力和执行力较低。同时，针对被监督单位的整改工作也缺乏进一步跟进监督措施，判断落实情况主要依赖被监督单位的书面回复，程序设计与问责机制存在遗漏，整改的质量与效果缺乏实际保障，检察监督效力存在极大的不确定性，在实践中极易出现不实际整改、反复纠违的情况。[①]

（三）监督机制有待完善

目前，针对未成年人社区矫正活动开展法律监督工作的具体检察部门，《社区矫正法》《社区矫正法实施办法》尚未明确规定。原则上，刑事执行检察部门与未成年人检察部门在法律监督工作的开展上均具有自身的独特优势，刑事执行检察部门对社区矫正工作中存在的普遍问题往往更为了解，刑事执行工作经验更为丰富；未成年人检察部门往往更为熟悉未成年人的身心特征以及相关专业知识，同时未成年人检察“捕诉监防教”一体化工作机制往往也要求未成

① 陈伟：《社区矫正检察监督机制的改革与完善》，载《湖北社会科学》2017 年第 3 期。

年人检察工作应当打破传统部门屏障，在相互支撑、一体协同和融合贯通中实现对未成年人的全方位监督保护。但在实际执行过程中，由于未成年人检察部门任务繁重、人员有限，且未成年人社区矫正数量较少，未成年人社区矫正检察监督工作主要由执检部门负责执行，其与未成年人检察部门的衔接配合有限，对未检业务的理解与开展也缺乏相应的经验。未成年人检察业务存在以涉案未成年人为中心的、纵向履职一体化、横向业务集中化的特殊性，将未成年人社区矫正监督工作融入未成年人检察综合履职的工作范畴之中，有必要探索检察机关内部跨部门融合履职机制。

此外，针对未成年社区矫正对象的检察监督工作涉及刑罚执行、社会工作、社区治理、教育就业、家庭监护等多方面内容，但检察机关在对社区矫正进行检察监督的过程中，与民政、教体、人社、妇联等其他机关职能部门的统筹协作不够顺畅，与负责具体执行的司法行政机关在包括接收、交付、处置、解除等多个节点上信息沟通不够及时，需要突破以书面发出检察建议、纠正意见为主要形式的低效力、低强制性的协作机制①，形成信息互通、资源共享的社区矫正高效治理合力。

四、未成年人社区矫正检察监督对策思路

（一）转变监督理念，监管帮教并重

开展未成年人社区矫正检察监督工作，需要重视检察机关在其中的职责定位。未成年人社区矫正检察监督工作，区别于传统的成年人刑事执行检察监督；检察机关作为参与未成年人司法保护全过程的国家法律监督机关，不仅需要承担起对社区矫正工作的法律监督职能，还需要对涉未成年社区矫正对象的刑事、民事、行政和公共

① 何晓红、何妍、高震乾：《未成年人社区矫正检察监督的困境与对策》，载《湖北文理学院学报》2023 年第 6 期。

利益等各方面、全过程加以综合司法保护。[①] 检察机关在履职过程中，应当以“最有利于未成年人”原则为指引，牢固树立未成年人综合司法保护理念。

置于未成年人社区矫正的情境，检察机关则需明确未成年人社区矫正检察监督的核心目的不仅是确保社区矫正的规范执行，更重要的是促进未成年人的教育、感化和挽救，消除其重新犯罪的风险，帮助他们顺利回归社会。除此之外，还要重视在实际矫正过程中应当建立起专属的未成年人社区矫正制度，贯彻落实分别管理、分别教育机制，不应停留在与成年人分开执行的形式区分阶段。这便需要在社区矫正的过程中综合考虑未成年人的身心发展需要并以此为出发点，积极探索、设计适合未成年人的矫正项目与帮教措施，诸如在风险评估的基础上参照未成年人的个案特点制定动态矫正方案。此外，还应重视对矫正小组人员构成的审查，需要对是否组织女性工作人员、社区矫正对象的监护人、学校教师、单位同事以及所在社区人员等熟悉矫正对象、掌握专业知识的成员参与社区矫正工作、开展专业学习培训等情况进行检察监督。

同时，在落实对未成年社区矫正对象的监督管理过程中，应切实加大教育帮扶力度，使检察监督由“重监管”向“监管帮教并重”过渡，除应保障刑事执行过程中程序的正确执行外，还应重视未成年人教育帮扶措施能否落实到位。检察机关可充分联合团委、高校、司法社工力量构建未检社会支持体系，注重提升社区矫正中社会力量的参与度，调整检察监督范围，督促未成年社区矫正对象所在社区、学校以及监护人履行相应职责，对于未成年社区矫正对象的教育、就业等再社会化实际需求予以高度重视，以顺利实现未成年社区矫正对象的再社会化。

① 童建明：《最有利于未成年人原则适用的检察路径》，载《中国刑事法杂志》2023年第1期。

（二）创新监督模式，提升监督质效

检察机关应当重视对未成年人社区矫正工作的事前、事中参与，积极参与社区矫正前置教育评估过程，对未成年社区矫正对象成长经历、家庭情况以及生活环境的了解是后续矫正监督工作开展的重要基础。① 在未成年人入矫后，则要重视对未成年社矫对象日常活动的事中监督，常态化开展检察监督工作。一方面，在检察监督过程中要加强与未成年社区矫正对象的沟通，给予未成年人参与矫正活动的自主权与选择权，提升未成年人主动性与归属感；② 另一方面，可以由未检部门采取“检察 +”方式联合参与到未成年社区矫正对象的实际帮扶活动中，逐步实现专业化办案与社会保护的过渡衔接。如在社区矫正机构开展职业教育培训时可将普法警示教育融入其中，在技能学习的过程中加强其行为规范矫正，引导其复归社会后不再误入歧途；对于接受社区矫正时未满 16 周岁的未成年人，则要重视其复学复课后的道德感化、法治精神教育的跟进，此时可以充分利用检校合作机制，通过法治副校长、法治进校园等工作对复学复课的未成年社区矫正对象进行持续性帮教。

此外，在检察队伍专业化建设方面，检察机关应当在履行未成年人保护法律监督职能的要求下，重视对社工组织、心理咨询师、家庭教育指导师等专业力量的吸收与对接，积极组织办案队伍在未成年人心理、教育、社会工作等方面的知识培训以及社区矫正专题业务培训，提升办案队伍专业素质，着力提升检察队伍未成年人社区矫正监督能力。重视提升社区矫正数字化水平，充分利用大数据赋能未成年人社区矫正检察监督。如《山东省社区矫正条例》明确了省人民政府司法行政部门负责建设、管理全省统一的社区矫正信息

---

① 王爱立编：《中华人民共和国社区矫正法解读》，中国法制出版社 2020 年版，第 320 页。

② 彭家阔：《智慧矫正中未成年人的多元帮扶机制研究》，载《犯罪与改造研究》2024 年第 3 期。

管理平台，推动实现数据汇集、信息共享、智能分析、服务决策等功能。在这一过程中，对于涉及未成年人个人信息保护的数据安全问题，在数据收集、储存、分析和使用的多个环节应当建立起明确的责任分配与权限管理机制，以保障检察机关充分发挥检察监督职能。同时，检察机关也可利用智慧矫正平台、“在矫通”等线上平台对未成年社区矫正对象进行动态线上管理，对越界情况进行及时监管预警，实现网上办案、网上巡查。

同时，应当加强社区矫正检察监督刚性，探索丰富检察机关的监督手段，如可召开纠正意见、检察建议文书宣告会，邀请被纠违单位负责人、人大代表、社区代表、志愿组织代表等多方主体参与，通过文书宣告加以释法说理，一方面提升了监督质效，另一方面各方参与主体也可在沟通的过程中深化对个案问题的认识，从而推动常态化工作机制的完善。完善检察监督的程序规范以及监督整改落实跟进机制，对于被纠违单位的回复，采纳整改意见的应当进一步通过定期回访、调研核实等方式确保整改措施的及时落实，而对于被纠违单位不采纳意见的情况，要核查其回复理由是否正当、充分，如有问题，应当及时向上一级检察机关报告。

（三）完善监督机制，加强协作配合

考虑到未成年人社区矫正执行过程的复杂化、参与主体的多元化，检察机关应树立系统监督理念，加强检察机关内外部衔接联动，整合监督力量、形成监督合力。

在内部协作方面，要充分认识到未检部门与执检部门在加强机制配合、线索移送、办案协同等方面协作的重要性，深化融合履职、一体履职。可考虑组建跨部门专业化办案团队，充分发挥未检部门“捕诉监防教”业务一体化集中办理的资源优势与执检部门在社会矫正工作中的专业优势。执检部门在对辖区内社区矫正项目进行检察监督的过程中，如发现涉及未成年社区矫正对象的监督线索，应尽

快移送未检部门，未检部门则要发挥综合履职优势，在对个案进行检察监督的过程中注重对未成年人问题成因的探析；并可根据在前期案件办理过程中与未成年社区矫正对象的接触与了解，与涉案未成年人建立起信任关系，以实现最佳办案效果。

在外部协作方面，根据赫希的社会控制理论，个人与社会联系之间联结的强弱是决定主体是否会选择违反社会准则、进行越轨行为的重要依据，由此犯罪预防与犯罪矫治的关键在于重建犯罪人的社会联系。未成年人社区矫正所面临的未成年矫正对象更是处于思想意识尚不成熟、社会参与尚不深入的阶段，更应重视未成年社区矫正对象的社会参与。未成年人社区矫正工作不仅涉及公检法司等政法单位，还包括共青团、妇联、关工委、教育局等多方单位，多方主体参与未成年人社区矫正工作，要实现对未成年人社区矫正的全面有效监督，建立起各单位之间的信息共享机制极为重要。一方面，要加强社区矫正信息管理平台建设，将多方参与单位接入信息管理平台，确保各单位实现信息、数据、资源的实时共享，同时也可探索通过信息管理平台进行资源整合实现线上文书传递、协助调查、检察监督功能，避免出现不同平台功能重叠造成的司法资源浪费；另一方面，要落实联席会议制度，定期召开联席会议对各单位近期工作情况进行研析分享。深入探索社区矫正监督线索协同处理机制，拓宽监督线索获取来源，通过实地调研走访、定期开展研讨会、设立监督信箱等方式作为检察监督的有益补充，与公民监督、舆论监督、内部监督相结合，以专业化检察监督引领社区矫正多元监督格局的形成。①

---

① 燕永辉、刘志敏：《未成年人社区矫正检察监督的现实困境及其完善》，载《宜宾学院学报》2024 年第 3 期。

未成年人犯罪记录封存制度存在的问题及完善建议

冉陆钗　周柏岑*

一、未成年人犯罪记录封存制度概述

（一）未成年人犯罪记录封存制度的概念及意义

根据2021年12月31日施行的《公安机关办理犯罪记录查询工作规定》第2条的规定，犯罪记录是指我国国家专门机关对犯罪嫌疑人员的客观记载。《刑事诉讼法》第286条第1款明确规定了未成年人犯罪记录封存制度，即犯罪的时候不满18周岁，被判处5年有期徒刑以下刑罚的，应当对相关犯罪记录予以封存。

未成年人犯罪记录封存制度的目的在于实现未成年人犯罪的记录在满足一定条件后可以被封存，以避免未成年人一次罪错影响其整个未来。封存后，相关记录不会出现在公共查询系统中，从而不会影响到未成年人求职、升学等社会活动。通过这一制度，可以在保障社会公共安全的同时，给予未成年人改错的机会和空间，体现了社会对未成年人成长过程中错误的宽容与理解。

* 冉陆钗，贵州省遵义市道真仡佬族苗族自治县人民检察院党组成员、副检察长；周柏岑，贵州省遵义市人民检察院第九检察部主任。

（二）我国关于未成年人犯罪记录封存制度的历史沿革

我国在 2012 年刑事诉讼法修改中正式确立了未成年人犯罪记录封存制度。但由于规定较为原则，实践中对封存的主体、封存的具体内容和程序以及查询的主体、内容、程序等把握不一，导致该制度在落实中出现封存管理失范、相关部门监管失序等问题。为严格落实刑事诉讼法规定的未成年人犯罪记录封存制度及《未成年人保护法》第 103 条、《预防未成年人犯罪法》第 59 条关于未成年人隐私和信息保护的规定，切实解决上述问题，2022 年 5 月最高人民法院、最高人民检察院、公安部、司法部共同发布《关于未成年人犯罪记录封存的实施办法》（以下简称《实施办法》）。

二、未成年人犯罪记录封存制度存在的问题

虽然《实施办法》对未成年人犯罪记录的封存情形、主体及程序、查询主体及申请条件、解除封存的条件及后果、保密义务及相关责任等内容作了较为详细的规定，近年来未成年人犯罪记录封存制度也总体上处于一个良性运行的状态，但因《实施办法》某些规定较为笼统等原因，在具体司法实践中，该制度的运行还存在一些问题。

（一）封存主体范围狭窄、不统一

《刑事诉讼法》对于犯罪记录封存制度的封存主体没有进行规定，《实施办法》中规定由人民法院、人民检察院、公安机关、执行地社区矫正机构分类进行封存，但是知晓未成年人犯罪记录的主体庞大且复杂，并非仅依靠司法机关就能将封存予以落实。例如，数字时代背景下网络服务业者参与社会治理活动较为频繁，与司法机关的合作也越来越密切，网络服务业者在一定程度上转变为监管者，同时担负着保护用户个人信息的义务。然而，《实施办法》中犯罪记

录封存制度的责任主体未涉及互联网上的搜索引擎服务商、应用提供商、信息发布者等，这势必会使得泄露的未成年人所涉刑事信息在网络空间加剧传播。根据中国互联网络信息中心在京发布第53次《中国互联网络发展状况统计报告》显示，截至2023年12月，我国网民规模达10.92亿人，部分网络运营商为满足其利益需求，也开始通过不同途径收集、分析和使用未成年人信息赚取流量。如近年发生的“吴某康弑母案”，尽管网络媒体匿名报道，但报道中出现的案发地、学校名称以及与之身份相关的信息等经过网络技术的处理，很容易精准定位到本人。此外，犯罪记录封存制度还无法约束案件处理过程中知悉罪错未成年人信息的辩护人、被害人、证人、鉴定人、同案犯等，特别是当这些诉讼参与人中有一部分人有权利收到判决书，如果被害人的情绪无法被舒缓，又不能通过一定的方式约束被害人的言行，那么带有不满情绪的被害人极有可能肆意宣扬未成年人的犯罪事实。①

（二）未成年人犯罪记录封存前置及执行程序不完善

《实施办法》规定，在法院对犯罪时不满18周岁的被告人判处5年有期徒刑以下刑罚以及免除刑事处罚的判决生效、检察院《不起诉决定书》等文书送达、社区矫正执行完毕后，才进一步开展未成年人犯罪记录封存工作。但并未明确在封存决定机关作出处理决定之前，即涉案未成年人的相关案件在侦查、审查起诉和审判阶段过程中如何进行保密和封存，导致各制度在实践中未能很好地协调，犯罪记录封存制度的实施效果不够理想。具体表现为：其一，社会调查过程中存在泄露案件风险。社会调查制度的有效落实需要获取涉罪未成年人的家庭情况、社会交往、成长经历、犯罪原因、犯罪前后的表现、监护教育等相关信息。而询问未成年人的家属、邻里

① 苗梅华：《未成年人犯罪记录封存中被遗忘权的制度性嵌入》，载《中外法学》2023年第6期。

及老师、同学等，是制作一份全面的社会调查报告不可或缺的方式，这种做法无形中使更多人成为案件的知情人，同时走访的方式将增加案件信息扩散和泄露的可能。[①] 其二，未成年社区矫正对象的隐私权界限不清。即未成年社区矫正对象在被矫正过程中的相关信息是否属于隐私权范畴？除监护人、司法机关对未成年社区矫正对象与犯罪有关的个人信息等个人隐私享有知情权之外，还应赋予哪些机构和自然人相关知情权？如何与《预防未成年人犯罪法》《未成年人保护法》中的相关规定进行协调和衡平？这些都是司法实践中出现的疑难问题。[②] 其三，与公开宣判、公开审理制度存在冲突。关于公开宣判原则，刑事诉讼法规定对于不公开审理的案件也要一律公开宣判，这就公开了未成年人犯罪的事实，而犯罪事实本应该被封存。关于公开审判原则，如果一个未成年人实施犯罪行为时未满 18 周岁，但在审判时已满 18 周岁，一旦公开审判，那么对其以后的犯罪记录封存将形同虚设。另外，犯罪记录封存的执行过程存在的主要问题是，随着时代的发展，犯罪信息的载体不仅限于纸质档案，还包括电子档案。关于纸质档案的封存，各地做法比较明确且相对一致，主要是在案卷中装订犯罪记录封存决定书，封面加盖封存印章明显标识等方法。然而，目前司法机关的档案系统与办案系统几乎都是独立的，且隶属于不同的部门管理，档案管理部门即使克服了电子档案系统中封存的技术障碍，但各办案单位业务系统中的案件记录却很容易被查询，且有的地方认为司法系统内部不易泄露未成年人信息，以为办案人员统计查询案件提供便利为由，未曾考虑过封存办案业务系统中电子档案的问题。

---

① 宋英辉、杨雯清：《我国未成年人犯罪记录封存制度研究》，载《国家检察官学院学报》2019 年第 4 期。

② 龚红卫：《专门矫正视野下未成年社区矫正对象隐私权保护研究》，载《青少年犯罪问题》2023 年第 6 期。

（三）例外情形中可查询主体的规定泛化

对于被封存的犯罪记录在《刑事诉讼法》中规定了可以查询的例外，例外主要分为两类，一是有关单位可以依据国家的规定进行查询；二是司法机关可为办案需要进行查询。此次《实施办法》虽对查询程序作了进一步规定，但程序的细化解决不了由于立法对例外规定的过于原则而导致的主体泛化，当过多的单位都可依据相关法律法规申请查询，那么封存的犯罪记录便失去了意义。例如“国家规定”是否包含地方性法规和规章尚不可知，且国家规定中涉及的单位主体难以计数，比如《教师法》《会计法》《律师法》《公务员法》等100余部法律中一般都采取了“一旦受刑拒不录用”的原则。虽然有一些特殊的职业，为了安全起见确需对有犯罪记录的人进行限制就业。但对于未成年罪犯来说，他们的生活才刚刚开始，如果过多的行业排斥在未成年时有犯罪记录的人参加就业，那他们将会受到社会的歧视，就业权无法得到保障。此外，关于司法机关可因办案需要进行查询，但“办案需要”的范围过于广泛，办理的案件可以是刑事、民事和行政案件等所有类型的案件，尤其是民事案件涉及的主体众多，可查询的犯罪记录范围也就越大。①

三、完善未成年人犯罪记录封存制度的建议

（一）建立统一的国家犯罪记录数据库

针对未成年人犯罪记录封存实施主体不统一、程序不完善问题，建议司法实践中在开展社会调查、社区矫正过程中平衡公众知情权与未成年犯罪人隐私权的同时，进一步完善不公开审理制度、公开宣判制度。在技术层面，结合当前先进的大数据信息链系统在全国

① 陈禧娴：《未成年人犯罪记录封存范围的解构与再造》，载《争议解决》2023年第4期。

司法行政系统内建立统一的国家未成年人犯罪记录数据库。即通过技术手段设置双重加密模式，当未成年人犯罪记录库中针对某名未成年犯设置信息加密程序，数据库会同时自动锁定，并在外来入口点击查询时作出“记录已封存”的特别提醒。另外，需设立查询主体的权限分级制度，不同主体的查询范围和查询用途应根据职能情况具体划定，由专门负责未成年人犯罪记录数据库的审核人员对申请主体的查询范围及使用目的进行审查与批准，确保未成年人犯罪记录以科学、有效、统一、权责明晰的方式落实严格管控的要求。①

（二）清晰界定相关概念

1．“办案需要”限缩为“办理刑事案件需要”

上文已分析查询主体泛化对封存制度带来的弊端，为最大限度保障未成年人权益，笔者认为我国未成年人犯罪记录查询主体应限缩为人民法院、人民检察院和公安机关（行使侦查权时），这些主体可以查询有犯罪记录的未成年人的全部数据。同时，应限定上述查询主体进行未成年人犯罪记录查询的目的，将“办案需要”限定为“办理刑事案件需要”。限制查询目的，不仅可以有效防止相关司法机关滥用权力随意查询，给未成年人学习和工作生活带来不利影响，也能确保犯罪记录的查询用在“刀刃”上。具体来说，人民法院、人民检察院和公安机关（行使侦查权时）“办案需要”应当定义为刑事案件对被封存的犯罪记录进行侦查、逮捕、起诉和审判等方面而查询。将民事及行政诉讼排除在外，从而减少给未成年人产生负面影响的可能性。

2．设立“有关单位根据国家规定”查询前提

应避免因“有关单位”“国家规定”的适用没有厘清而造成未成年人的犯罪记录被随意查询。对于“有关单位”的界定，笔者建议

① 谢安平、郭华主编：《未成年人刑事诉讼程序探究》，中国政法大学出版社 2015 年版，第 278 页。

可以参考《刑法》第30条对单位的界定，即包括团体、机关、事业单位、企业、公司等；关于“国家规定”的范畴，可以参考《刑法》第96条，即“由人大及其常委会制定的法律和决定，由国务院制定的行政法规规定的行政措施发布的决定和命令”。地方性法规和规章不得作为查询的法律依据。同时，建议有关单位的查询权需要以经犯罪记录者同意为前提，并且只能查询到全部犯罪记录中最基础和简略的信息。①

（三）完善法律法规间的顺畅衔接

《预防未成年人犯罪法》第58条规定：“刑满释放和接受社区矫正的未成年人，在复学、升学、就业等方面依法享有与其他未成年人同等的权利，任何单位和个人不得歧视。”该法条是为了解决未成年犯罪人在回归社会后的升学与就业问题，但目前我国过于宽泛的从业禁止与刑事法律规定明显相互掣肘，极大地削弱了封存制度的现实效果。故此，有必要建立科学、合理、符合法治理念的未成年人招生和用人制度。笔者建议，应对现有法律规定进行梳理，除为了安全起见确需对有犯罪记录的所有人员进行限制就业的行业外，对于曾有过犯罪记录的未成年人在入伍、就业、入学时，符合封存制度条件的，不得对入伍、就业和入学单位提供犯罪记录查询，使涉罪未成年人能够得到公正对待。此外，与犯罪记录直接相关的档案管理制度、无犯罪证明制度、政审制度等，对于应当适用于犯罪记录封存制度的未成年人，应当将其犯罪记录的管理与其他个人信息材料的管理分离出来，根据法律规定进行查询，最大程度保护其犯罪记录不被公开。②

---

① 董亚梅：《未成年人犯罪记录封存制度完善研究》，河南财经政法大学2023年硕士学位论文。

② 王竞旋：《未成年人犯罪记录封存制度：困境、成因与建构》，载《河北法律职业教育》2024年第3期。

（四）探索建立附条件未成年人轻罪记录消灭制度

相较于未成年人犯罪记录封存，前科消灭制度能最大程度保护犯罪未成年人的利益，是世界也是我国少年司法制度的发展方向。因为前科的消灭对未成年犯罪人的包容性更高，并且未成年犯罪人可以与无罪者一样，从而减少“标签”效应带来的负面影响，无差别地回归社会。但由于前科消灭制度对犯罪记录消灭的彻底性，如果不加区分地对所有未成年犯罪人都适用前科消灭制度，那么不利于平衡保护未成年人和维护社会安全之间的关系。因此，建立附条件的前科消灭制度，制定严格的筛选标准和监督机制是十分必要的。笔者认为，建立附条件未成年人前科消灭制度，即对符合刑事诉讼法中犯罪记录封存的未成年犯罪人，综合考虑其主观恶性、人身危险性、社会危害性，与案情和未成年人的心理进行严格的综合评估，设置一定期限的考验期，考察期届满后对符合条件的该未成年人犯罪记录予以消灭。

未成年人综合司法保护研究

李献立　郭艳京　周　璐*

《未成年人保护法》《预防未成年人犯罪法》（以下简称“两法”）重新修订后，进一步明确了未成年人检察业务集中统一办理，同时也进一步明确了检察机关在未成年人保护工作中的重要性。检察机关要依法履职，积极推动涉未成年人“四大检察”融合发展，将未成年人检察工作集中统一办理的工作落实、落细，织密未成年人综合司法保护网，积极推动形成未成年保护大格局，推动未成年人检察工作高质效发展，切实挽救涉案未成年人、优化未成年人成长环境。

一、未成年人综合司法保护概况

（一）未成年人综合司法保护相关概念

1. 未成年人综合司法保护内涵

未成年人综合司法保护是一项综合性、系统性的工程，是我国新修订的《未成年人保护法》的重要内容之一。它涉及的不仅是国家法律政策，还有来自家庭的监护情况、学校的教育问题以及社会大众支持体系等。未成年人司法保护是指国家的司法机关及相关部门、社会组织在办理未成年人犯罪的案件、侵害未成年人的案件中，应当尊重未成年人的人格尊严，并可以根据需要设立专门机构或者指

* 李献立，山东省鄄城县人民检察院党组成员、检察委员会专职委员；郭艳京，山东省鄄城县人民检察院第二检察部主任；周璐，山东省鄄城县人民检察院第二检察部检察官助理。

定专人办理，保障未成年人的合法权益不受侵害。

在当今法治社会中，每一个公民的权利都是由法律予以规定并保障实现的，未成年人的权利更是如此。党的十八大以来，以习近平同志为核心的党中央高度重视未成年人保护工作，党中央多次强调，要最大限度维护未成年人的合法权益，对损害未成年人权益、破坏未成年人健康成长的言行，要坚决打击。检察机关是国家的法律监督机关，参与未成年人司法保护全过程，应当重视未成年人检察工作，运用好法律监督职能，利用承上启下诉讼优势，推动实现未成年人综合司法保护体系建设完善、有效运行。进入新时代，人民群众对未成年人司法保护的关注和要求从“有没有”到“好不好”向“更加好”发展，新颁布的《民法典》及新修订的“两法”等，对检察机关未成年人保护工作提出了许多新的更高要求。

2. 未成年人综合司法保护的特征

未成年人司法在司法理念、内在规律、职责任务、诉讼程序、评价标准等方面都与成年人司法有着显著区别，因此对未成年的司法保护也具有不同于成年人的特殊性①。

一是政策和理念的特殊性。我国《刑事诉讼法》明确确立了办理涉及未成年人刑事案件的方针与原则。如《刑事诉讼法》第 277 条第 1 款规定：“对犯罪的未成年人实行教育、感化、挽救的方针，坚持教育为主，惩罚为辅的原则。”在严格遵守法律规定的前提下，应按照最有利于未成年人和适合未成年人身心特点的方式进行，充分保障未成年人合法权益。对于未成年人侵害未成年人案件，应当坚持双向保护原则，依法保护未成年被害人合法权益，同时也要依法保护未成年犯罪嫌疑人、被告人的合法权益。

二是办案人员专业化。我国法律规定，人民法院、人民检察院、公安机关都应当设立专门办理未成年人案件的部门或者工作小组，

① 宋英辉：《未成年被害人司法保护》，载《未成年人检察》2021 年第 4 辑。

由熟悉未成年人特点的专业人员办理案件。同时注重加强同政府有关部门、人民团体、社会组织的联系、沟通与配合，对受到侵害的未成年人，必要时可采取心理疏导、司法救助、法律援助等措施。

三是保护程序的规范性。我国法律对于办理未成年人刑事案件进行了专门的规定，包括《刑事诉讼法》对未成年人刑事案件诉讼程序进行了专章规定。比如《人民检察院办理未成年人刑事案件的规定》《未成年人刑事检察工作指引（试行）》等司法解释和规范均体现了对涉未成年人案件的办理程序实现特殊保护。

（二）未成年人综合司法保护的理论基础

1. 确立国家监护责任[①]

根据《未成年人保护法》第 7 条第 2 款的规定：国家对未成年人的父母或者其他监护人履行监护职责负有指导、支持、帮助和监督的责任；根据第 92 条、第 94 条规定，民政部门对符合条件的未成年人进行临时监护和长期监护。从社会层面看，我国基本已经建立了家庭监护、社会监护、国家监护一体的监护制度，在这项制度中，家庭监护是基础，国家监护是根本。从《未成年人保护法》的规定及维护未成年人合法权益的角度看，国家监护发挥着重要的、不可或缺的作用，是未成年人综合司法保护的重要保障。

国家亲权理念下，国家的监护责任不可或缺。亲权是父母对未成年的子女的人身和财产所享有的权利以及应当履行的义务。亲权建立在血缘和生育的基础上，第一顺位应当是父母，父母负有权利和义务照顾子女。当父母缺位时，由较近的其他近亲属付出精力照顾未成年人。这就是法律中提到的“父母或其他监护人”。监护权可以看作父母亲权的功能替代物[②]。当未成年人的父母及其他监护人均出现了监护缺位或者监护不力等问题时，那么国家监护就成为兜底职

① 朱广新：《未成年人保护的民法问题研究》，中国人民大学出版社 2021 年版，第 47 页。
② 朱广新：《未成年人保护的民法问题研究》，中国人民大学出版社 2021 年版，第 23 页。

责。由国家承担监护未成年人的职责，或者监督未成年人的父母或其他监护人依法履行监护职责。

2. 最有利于未成年人原则[①]

早在 20 世纪 50 年代，联合国大会就通过了《儿童权利宣言》，明确提出了儿童权利十大原则，且该会议首次提出“应以儿童的最大利益为首要考虑”。《儿童权利公约》第 3 条指出，关于儿童的一切行动也应当以儿童最大利益为首要考虑，并且指出公私社会福利机构、法院、行政当局、立法机构几大执行主体均应遵守这一原则。

儿童利益最大化在我国也有所体现。在法律规定中，我国法律规定表述为“最有利于未成年人的原则”。新修订的《未成年人保护法》第 4 条表述为“保护未成年人，应当坚持最有利于未成年人的原则”。另外，我国《民法典》多个法条中也都体现了最有利于未成年人的原则。比如《民法典》第 36 条规定了最有利于被监护人的原则。即当父母未尽到监护职责的，法律会保护未成年人合法权益，必要时也会撤销父母的监护资格，并指定新的监护人负责监护。最有利于未成年人原则不仅存在于法律规定中，在确保未成年人保护体系运行的各个环节中都要坚持维护未成年人的合法权益。而且从未成年人发展的角度来看，该原则有利于促进未成年人得到全面保护，从而促进未成年人健康发展。

（三）“四大检察”融合发展下未成年人综合司法保护的意义

全面推进“四大检察”融合发展，以检察监督维护社会公平正义，是贯彻落实十三届全国人大三次会议关于“推动刑事、民事、行政、公益诉讼检察工作全面协调充分发展”的要求，也是检察机关依法履职，在促进社会公平正义中担当作为的有力体现。

① 刘宇轩：《我国未成年人构建体系的分析》，载《青年探索》2022 年第 1 期。

1. 贯彻落实习近平法治思想的重要要求

习近平总书记曾多次强调：“党和政府要始终关心各族少年儿童，努力为他们学习成长创造更好的条件。老师、家长要承担起教育引导少年儿童成长成才的责任。全社会都要关心少年儿童成长，支持少年儿童工作。对损害少年儿童权益、破坏少年儿童身心健康的言行，要坚决防止和依法打击[①]。”检察机关作为保护未成年人权益的重要司法机关，承担着法律监督的主导责任，要以习近平法治思想为指引，自觉在服务国家大局中找准定位，找到未成年人保护工作的着力点和切入点，以更高质效的法律监督助推更加严密的法律监督体系，从而切实维护未成年人的合法权益，推动未成年人全面综合司法保护得以实现。

2. 落实落细修订后“两法”的必然要求

随着新时代社会主要矛盾发生变化，人民群众对未成年人司法保护的关注从“有没有”到“好不好”向“更加好”发展，提出许多新的更高要求[②]。“两法”的修订，进一步明确了检察机关在未成年人司法保护中的职责与任务，如将检察机关推动的入职查询制度、强制报告制度等写入“两法”。同时也赋予检察机关在未成年人国家保护大格局中的特殊使命，检察机关通过检察履职推动家庭、学校、社会、网络、政府“五大保护”落地见效。因此，最高检提出的涉未成年人案件集中统一办理，对未检工作提质增效具有重要意义。

3. 维护未成年人合法权益的客观需要

检察机关作为国家的法律监督机关，检察履职贯穿未成年人司法保护的全过程、全阶段，在未成年人司法保护工作中处于重要位置。维护未成年人利益最大化，在涉未成年人案件集中统一办理中发现问题，通过未成年人权益受损的个案，发现未成年人整体权益问题，以点带面，明确未成年人利益受侵害的标准和范围，通过开展检察

① 《依法打击破坏少儿身心健康言行》，载《湖北日报》2013 年 5 月 31 日，第 13 版。

② 参见《关于加强新时代未成年人检察工作的意见》。

公益诉讼等维护未成年人合法权益，构建未成年人保护新格局。

二、我国未成年人综合司法保护现状

（一）未成年人综合司法保护成果

我国对未成年人的综合司法保护已日趋完善，从保护对象来看，又可分为罪错未成年人综合司法保护体系和未成年被害人综合司法保护体系。

1. 罪错未成年人综合司法保护

（1）涉未成年人案件办理特殊原则。我国《刑法》《刑事诉讼法》等法律法规规定，办理未成年人犯罪案件应当遵循从轻处理原则、不适用死刑原则、分案处理原则等特殊原则。在办理未成年人犯罪刑事案件中，应当依法坚持“教育、感化、挽救”方针和“教育为主、惩罚为辅”原则以及优先保护、特殊保护、双向保护的司法原则①。未成年人仍处于身心发展未完全成熟，世界观、人生观、价值观、金钱观等都处于尚未完全固定成型的阶段，司法机关通过案件办理、观护帮教等方式开展未成年人综合司法保护工作，必须坚持不同于成年人刑事案件办理原则的特殊司法原则，以教育、感化、挽救为工作重心，以帮助罪错未成年人重塑价值观、回归社会、预防再次犯罪为目的，体现对罪错未成年人的“特殊关爱”。

（2）涉罪未成年人特别制度。对于涉嫌犯罪的未成年人，我国《刑事诉讼法》《人民检察院刑事诉讼规则》等相关法律法规规定了一系列的特别制度，以保障和维护他们的合法权益，以便其能够尽快回归正常生活，更早回归社会。如要求司法机关对涉罪未委托辩护人的未成年人提供指定辩护的法律援助制度，确保了涉罪未成年人能够充分享有辩护权；社会调查制度，通过调查涉罪未成年人的

① 张寒玉：《未成年人司法保护原则与制度要求》，载《检察日报》2020 年 3 月 1 日，第 2 版。

成长经历、犯罪原因、监护情况等，分析涉罪未成年人实施违法犯罪的主客观因素，从而为司法机关实施教育、感化、挽救工作提供重要参考；未成年人犯罪记录封存可以在一定程度上避免有罪判决给未成年人造成的负面影响，促使其顺利回归社会。换言之，在刑事司法程序的全过程、全阶段，均贯彻落实未成年人特别程序、特别制度，为维护涉罪未成年人的权益提供有力保障，这些特别制度组成了对涉罪未成年人的“保护网”。

（3）涉罪未成年人帮教机制。涉罪未成年人帮教，是指对被判处缓刑或附条件不起诉考察期的涉罪未成年人进行的一种非强制性的引导、扶助、教育和管理的活动，其目的是教育引导涉罪未成年人，帮助其重新回到社会进行正常生活，减低避免再次犯罪①。我国《刑事诉讼法》《人民检察院办理未成年人刑事案件的规定》《社区矫正法》等均对涉罪未成年人帮教机制作出了指导性规定。涉罪未成年人的帮教工作需要社会各方的积极参与，对附条件不起诉未成年人的考察、帮教，则由检察机关主导，内容包括强制家庭教育指导、心理干预、保护处分、临界预防、社会观护等多个方面②。

（4）罪错未成年人分级干预体系③。我国现行法律规定中没有“罪错未成年人”这一主体概念，为便于理解和研究未成年人司法制度的目的，学术界多用该名词指代刑法中规定的涉罪未成年人以及《预防未成年人犯罪法》中规定的“实施不良或严重不良行为的未成年人”。我国新修订的《预防未成年人犯罪法》中，对罪错未成年人形成了行为性质由轻至重的四级分级干预体系：第一层级是不良行为较轻的未成年人，由父母和学校管理教育；第二层级是有严重不

① 王雨溪：《我国涉罪未成年人帮教制度存在的问题及完善措施》，载《法制与社会》2018 年第 14 期。

② 常锋：《结合“惩防教治责”完善机制狠抓落实——专访最高人民检察院第九检察厅厅长史卫忠》，载《人民检察》2020 年第 3 期。

③ 林琳：《我国罪错未成年人司法处遇制度的问题及完善路径》，载《北京科技大学学报（社会科学版）》2021 年第 4 期。

良行为的未成年人，以公安机关为主、父母与学校进行教育、干预；第三层级是有严重不良行为且情节恶劣或拒不配合的未成年人，由公安机关经法定程序送专门学校矫治；第四层级是进入刑事司法程序的涉罪未成年人，由公检法和司法行政机关按照法律规定实施矫治①。对罪错未成年人实施分级干预矫治，其最大意义仍在于通过分级干预体系，防微杜渐，极力对不良行为未成年人进行教育、感化和挽救，尽可能减少不良行为未成年人实施犯罪的可能。

2. 未成年被害人综合司法保护

（1）“一号检察建议”持续发力。2018 年，最高检向国家教育部制发检察机关“一号检察建议”，建议教育部门健全完善预防性侵害未成年学生的工作制度、工作机制，建议教育部门进一步强化对校园预防性侵害制度落实情况的监督、检查。没完没了抓“一号检察建议”的落实，通过法治进校园等活动不断推动工作落实落细。

（2）强制报告、入职查询制度。2020 年，最高检会同国家多部委联合印发《关于建立侵害未成年人案件强制报告制度的意见（试行）》《关于建立教职员工准入查询性侵违法犯罪信息制度的意见》，进一步确立了对未成年被害人的综合司法保护体系，进一步筑牢未成年人保护“防火墙”。

（3）“一站式”办案机制。为切实维护未成年被害人合法权益，避免对其造成二次伤害，全国各地建立起“一站式”办案中心。要求公安机关、检察机关在办案中，针对性侵案件的未成年被害人，采用在专门办案场所对未成年被害人依法依规开展权利义务告知、询问、取证、开展心理疏导以及其他救助于一体的工作机制。该办案机制能够“一次性”完成程序性工作，避免因反复询问、回忆被侵害过程而造成“二次伤害”。

（4）多元化司法救助。司法救助工作一般在刑事案件中落实，

① 林琳：《我国罪错未成年人司法处遇制度的问题及完善路径》，载《北京科技大学学报（社会科学版）》2021 年第 4 期。

是对受到刑事侵害或者民事侵权，不能通过诉讼及时获得赔偿，且生活困难的案件当事人进行的辅助性救济工作。针对未成年被害人实施的多元化司法救助，扩大了司法救助的适用情形，将因心理遭受严重创伤、追索抚育费无果、抚养人去世且未获赔偿等情况，造成生活困难的，均纳入未成年人多元化司法救助体系；对于因案件陷入心理、抚养、监护、就学、就业等困境的，检察机关亦可给予相应帮助救助。

（二）我国未成年人综合司法保护存在的问题与不足

1. 办案理念更新不及时

（1）缺乏参与社会治理的意识。一是融合办案理念不够。一些地方的公安机关、法院、司法行政机关等部门缺乏必要的沟通、联系，刑事诉讼法明确提出了公检法的共同义务，但在信息共享、齐抓共治方面还有提升空间。二是扩展办案思路不够。司法办案人员往往就案办案，不注重对案件背后问题的分析和解决。对个案反映出的倾向性、苗头性问题，未向相关职能部门反映；对发现的危害未成年人健康成长的社会管理疏漏问题，未向相关部门提出意见。

（2）特殊保护制度运用效能最大化意识不够。由于各地经济发展水平不均衡，部分地区缺乏未成年人司法保护的土壤，司法部门工作人员依案办案，开展社会化帮教、家庭教育指导等特殊保护制度的精力不足，特殊保护制度工作落实不实不细。

2. 工作精细化、规范化不足

（1）未成年人司法保护专业化需进一步深化。对于未成年人司法保护的必要性，目前社会各界持一致观点，处于司法场域的未成年人需要的不仅是教育，还需要综合性服务。在综合性服务中，教育是基础，但教育不能完全回应未成年人的现实需要，比如大多数犯罪的未成年人来源于低资源家庭，需要为其链接资源才能有效回归社会。又如一些因染毒而犯罪的未成年人，需要通过“医学—心理—社会”整合模式的服务才能有效改善其行为的偏差。再如被侵害的未成年人，其服务需求呈现出更加复合和多元化，需要专业的评估和介入。以上种种情形都显示，未成年人的司法保护工作不是仅仅依靠教育手段就能够改善的，而需要以社会学、心理学、教育学等专业为基础的专业技术人员为其提供专业服务。这种专业性服务是目前未成年人司法保护亟须完善的方面。

（2）未成年人司法保护需做好法律衔接。我国新修订的《未成年人保护法》和《预防未成年人犯罪法》都概括性地提出了对未成年人的综合司法保护的内容，各地也对未成年人司法保护的服务内容进行了初步探索，但已经形成的实践经验距离完善服务体系尚有距离。为有效推进相应立法落地，亟须在立法的基础上完善服务内容，搭建服务体系。比如，针对《未成年人保护法》，应梳理出犯罪未成年人服务内容体系、被害未成年人服务体系；针对《预防未成年人犯罪法》，需要对预防犯罪如何教育、不良行为如何干预、严重不良行为如何矫治、如何预防再犯等分别设计相应的服务体系。也就是说，法律只是对司法保护的制度和机制做出了原则性的界定，为了保障机制的实现，需要从未成年人需求出发，对犯罪预防和司法保护的服务内容做出细致的梳理和界定，并在此基础上建立相应的服务体系。

（3）未成年人司法社会服务各方协作需要进一步规范。未成年人综合司法保护的开展涉及多个部门，需要协调多方力量。目前，各地区司法保护制度建设的部门不尽相同，参与部门、参与成效也有所差异，仍存在参与部门不足、与服务需求不匹配、制度内容针对性不足等问题。

3. 社会支持体系建设有待完善

现阶段，完善的、成熟的未成年人社会支持体系尚未建立起来。比如从社会层面看，缺乏未成年人司法社会工作专业培训体系、社会工作人才与司法机关合作开展服务不能有效衔接，社会机构在招聘工作人员时的要求不具有针对性，难以满足司法机关的服务需求。

三、“四大检察”融合发展之下，推动未成年人综合司法保护的对策建议

（一）强化理念引领，真正把握全面协调发展内涵

最高检应勇检察长在国家检察官学院2024年春季学期首批调训班次开班强调，善于从纷繁复杂的法律事实中准确把握实质法律关系，善于从具体法律条文中深刻领悟法治精神，善于在法理情的有机统一中实现公平正义，是“高质效办好每一个案件”的重要体现。要把“三个善于”融入检察办案全过程各环节，确保案件办理经得起法律、历史和人民的检验，努力让人民群众在每一个司法案件中感受到公平正义。

1. 领悟法治精神，深刻把握未成年人司法保护内涵

坚持以习近平法治思想为指引，要切实领悟法治精神，牢牢把握人民立场，以及最有利于未成年人的原则，切实增强服务保障中国式现代化的政治自觉、法治自觉、检察自觉，组织办理未成年人检察案件的办案人员深入学习“四大检察”融合发展、未检一体化办理的相关文件，准确把握“四大检察”融合发展的精神内涵，把好的做优、弱的做强、虚的做实、新的做好，牢固树立全面发展理念。

2. 厘清法律关系，坚持法理情相统一

办理未检案件的检察官要积极构建以证据为核心的刑事指控体系，对案件进行实质化审查，查清案件事实，厘清法律关系，同时还要从个案中发现折射出的社会问题，积极开展依法履职、综合履职，努力在法理情的有机统一中实现公平正义。

3. 找准定位，发挥典型案事例示范引领作用

办案中要准确把握司法政策，找准定位，准确运用法律规定。组织未检人员认真学习未检工作集中统一办理典型案事例，克服“过得去”“可以了”“差不多”等思想，以“求极致”的标准研读学习

指导性案例、典型案例在事实认定、证据运用、法律适用、政策把握等方面的经验做法，用足、用好检察职能，积极为大局服务，为人民司法。

（二）强化未检专业力量建设，推进未成年人“四大检察”融合发展

建议进一步提高未成年人检察的工作质效，需要在未检专业化培养、未成年人民事检察、行政检察诉讼职能的完善发展、社会支持体系建设完善等方面完善制度机制。

1. 调动未成年人检察资源，带动未成年人检察一体化办理

司法改革要求有条件的地方未检部门成立专门未检工作室，并配置单独办理未检案件的员额检察官，保障未成年人检察工作有专门的办案团队。从实践来看，未检人员大多是从原侦查监督部门和公诉部门人员中配备的，民事、行政、公益诉讼工作经验匮乏，有必要把民事、行政、公益诉讼工作经验丰富的人员充实到未检队伍中，充分调动未检人员工作积极性，推进未成年人检察业务集中统一办理。

2. 摒弃“重刑轻民”的理念，完善未成年人民事、行政、公益诉讼检察诉讼职能

要摒弃“重刑轻民”的理念，切实维护未成年人实体权益，不仅要加大刑事案件的办理，还要重点抓好涉未成年人民事检察、行政检察以及公益诉讼检察等工作。比如针对社会上反映强烈的家庭虐待、遗弃、失学等问题，找到与未成年人检察的衔接点，在民事检察、行政检察、公益诉讼检察中寻找工作点，积极维护未成年人的合法权益。进一步建立完善涉未成年人民事案件、行政案件、支持起诉检察公益诉讼等工作机制，把办理涉未成年人刑事案件的特殊程序应用于民事案件、行政案件办理过程中，根据涉案未成年人的身心特点等，开展心理干预、司法救助、跟踪回访等工作，为未

成年人提供及时、有效的司法保护①。

3. 健全完善未成年人检察制度机制

（1）深化综合履职，推进社会治理。积极优化履职办案制度机制，把“三个善于”融入检察履职办案全过程各环节，发现相关单位在未成年人教育、管理、救助、看护职责中存在保护、监管不到位，缺失监管等问题，损害未成年人合法权益时，依法向相关部门制发检察建议，梳理存在的问题，督促其依法承担相应的职责和法律义务，切实维护未成年人合法权益。

（2）提高未成年人检察工作的办案质量，落实检察官案件终身负责制。对于办理涉未成年人案件的检察官，明确应当承担的司法责任范围，依法严格落实工作规定。要切实提升办案质量，特别是在事实认定、证据采信、法律适用、办案程序等方面，强化案件质量核查，完善案件质量核查工作机制，保证涉未成年人案件的办案质效。

（三）建立健全社会支持体系，推动建立社会综合保护机制

未成年人犯罪防控是一项长期的、需要多方共同参与的工程，特别是需要社会各界通力协作。加强未检社会支持体系建设，引入社会力量参与犯罪防控，是推动未成年人犯罪社会防控工作的新增长点②。

1. 加快建设未成年人司法社工服务体系

首先，强化与公安机关、法院、司法机关等部门的沟通协调，形成完善的司法协同机制。其次，要明确未成年人司法社工的招募条件以及特殊职能要求，明确社会机构在培养司法社工时的培训、考

① 宋凯利：《未成年人检察一体化工作模式完善路径探析》，载《中国检察官》2018 年第 7 期。

② 李文建、赵文静、林晓萌：《市域社会治理现代化视角下直辖市未成年人犯罪防控问题研究》，载《上海法学研究》2021 年第 15 卷。

核标准等，切实提高司法社工招募的针对性和实用性。最后，要强化司法社工的培训机制，通过强化学习、培训，培养司法社工的工作理念，提升司法社工的专业化工作水平。检察机关要协调其他司法机关，加强理念创新、制度创新，通过完善制度机制，更新工作理念、改进工作方法等，切实解决制约未成年人司法保护工作社会支持体系建设难题，形成一批可复制的经验①。

2. 整合力量统筹开展观护帮教工作

开展观护帮教工作，不仅仅是检察机关的工作职责，从未成年人司法制度的发展趋势、我国不断修订完善的法律规定可以看出，建立未成年人综合司法保护体系需要全社会的共同努力。检察机关要推动建立未成年人司法保护体系建设，就要加强与公安机关、人民法院、司法行政、民政、教育、卫生、妇联、团委等部门以及社会公益团体的沟通协调，实现对未成年人司法的全面、一体化保护。比如建立“企业型”观护帮教基地，旨在为涉罪未成年人提供一个快速融入社会的通道，对检察机关作出不捕、不诉、附条件不起诉的轻微涉罪未成年人开展思想教育、劳动技能培训、就业帮扶等观护帮教工作。发挥企业管理规范、企业文化积极向上、职工氛围融洽、凝聚力强的优势，与检察机关一起做好涉罪未成年人帮教、感化工作，既教其一技之长，又教其如何做人。同时，检察机关也可以协助企业积极探索推进观护帮教基地与社工组织帮教融合发展，引入司法社工配合企业对帮教对象进行行为矫治，弥补企业缺乏法学、心理学等专业人才的现状，将涉罪未成年人的帮教工作从体力劳动、技能培训向深度的心理引导、家庭教育指导等方面延伸，打造罪错未成年人帮教多元复合支持体系，共同促进未成年人尽快回归家庭、重返学校、融入社会。

---

① 石玉：《形成司法协同保护提升社会工作水平》，载《内蒙古法制报》2021 年 11 月 10 日，第 2 版。

业务论坛

数字赋能提升未成年人司法保护质效研究

王军雄　周希森　任　容　刘　宇*

党的十八大以来，以习近平同志为核心的党中央高度重视青少年工作，并从理论上为保护青少年健康成长工作作出了重要指引。实践中，最高人民法院和最高人民检察院也在探索中不断推进未成年人保护工作。2020 年《未成年人保护法》修订，这是未成年人司法保护的新成果，《国家人权计划（2021—2025 年）》要求加强未成年人受保护司法保障力度，是我国刑事司法人权保障的鲜亮底色。① 同时，2023 年 3 月，最高人民检察院检察长应勇提出"数字检察"战略，积极构建"业务主导、数据整合、技术支撑、重在应用"的数字检察工作机制，以数字革命赋能法律监督，既为实施数字检察战略指明了方向，也对数字赋能检察工作现代化提出了更高的要求。② 为了实现未成年人司法保护高质量发展，顺应信息化时代新趋势、新变革，检察机关自动对标"数字检察"这一战略目标，将数字检察作为未成年人司法保护在新发展阶段的战略性改革部署，充分发挥数字赋能未成年人司法保护的积极作用，运用大数据推动新时代

---

* 王军雄，甘肃省平凉市崆峒区人民检察院党组书记、检察长、三级高级检察官；周希森，甘肃省平凉市崆峒区人民检察院党组成员、一级检察官；任容，甘肃省平凉市崆峒区人民检察院四级检察官助理；刘宇，甘肃省平凉市人民检察院干警。本文系甘肃省人民检察院 2024 年度理论课题"数字赋能提升未成年人司法保护质效研究"（GSJC2024－19－01）的研究成果。

① 桂梦美、孙平：《罪错未成年人司法保护的理论供给与实现愿景》，载《河北法学》2024 年第 7 期。

② 桑先军：《检察一体化履职数字模式的建构与运行》，载《人民检察》2023 年第 16 期。

未成年人司法保护提质增效。

一、现实基础：大数据时代与未成年人犯罪新态势

未成年人是国家的希望，未成年人司法保护是时代的课题。在大数据时代，研究提升未成年人司法保护质效问题需要厘清其所面对的现实基础。聚焦未成年人司法保护的法律依据与实践要求分析，离不开数字检察背景与未成年人犯罪新特征的客观基础。

（一）数字检察背景与内涵

三十年为一世，而道更也。检察信息化工作三十年以来，在党的正确领导下，经历了应用检务、网络检务、智慧检务、智慧检察[①]及数字检察的发展历程。20 世纪 90 年代，“应用检务”用电脑代替纸质化办公，检察工作自此开始无纸化时代；2003 年“网络检务”的诞生，实现不同区域检察机关的互联互通；2017 年“智慧检务”，借助大数据、云计算、移动互联网、人工智能等技术实现检察机关办公、办案、服务、决策从“有”到“优”的迭代更新；2022 年，全国检察系统正式启动“数字检察”战略，全面迈入“数字检察”阶段，完成了从“器”到“道”的转变。各级检察机关以“一张蓝图绘到底、一任接着一任干”的精神，创造了从无到有、从纸张到数据的奇迹，实现了检察工作高质效发展的历史飞跃。[②] 所谓数字检察，是指运用数字赋能对法律监督运行机制和监督手段进行的颠覆性创新，在该阶段，检察机关应用大数据不再是检察辅助手段的更新升级，还伴随着检察理念、办案模式的更新，是数字意识、思维和法律知识、检察业务的相互碰撞和融合，借助数字赋能助力检察

① 练节晁、刘晨雨、杨玥：《数字检察之“数字”突围——从“数字”壁垒到“数字”边界》，载《山西省政法管理干部学院学报》2023 年第 1 期。

② 刘亭亭：《以数据赋能法律监督——检察信息化三十周年座谈会侧记》，载《浙江人大》2022 年第 1 期。

工作高质量发展。[①]

（二）未成年人犯罪新态势

大数据时代，未成年人犯罪呈现出新的特征与发展趋势，未成年人犯罪治理仍然是社会治理中的重点与难点问题。据最高人民检察院《未成年人检察工作白皮书》显示，首先，未成年人犯罪总体呈上升趋势。2018 年至 2023 年，未成年人犯罪数量出现反弹，但总体上呈上升态势。

其次，未成年人犯罪呈现低龄化趋势。自 2017 年起，近七年来，检察机关受理审查起诉 14—16 周岁未成年犯罪嫌疑人人数虽有波动反复，但总体趋势仍表现为上升态势，尤其是从 2021 年起增加幅度较大。[②] 其中，2018—2022 年，检察机关受理审查起诉未成年人犯罪嫌疑人 32.7 万人，其中不满 16 周岁的未成年人从 4600 余人上升到 8700 余人，年均上升 16.7%。[③]

最后，未成年人犯罪网络化特征突显，尤其是未成年人涉嫌帮助信息网络犯罪活动罪明显上升。[④] 新时代未成年人学习和接受新兴事物的能力强，对网络犯罪模式上手快，但其风险识别能力与自我保护能力弱，容易在网络犯罪分子的利用教唆下为实施网络犯罪提供帮助。

---

① 刘巍：《数字赋能检察工作高质量发展的思考与研究》，载《辽宁公安司法管理干部学院学报》2023 年第 4 期。

② 据最高人民检察院《未成年人检察工作白皮书》显示，2017 年至 2023 年，检察机关受理审查起诉 14—16 周岁未成年犯罪嫌疑人人数分别为 5189 人、4695 人、5445 人、5259 人、8169 人、10063 人，分别占审查起诉未成年人犯罪总数的 8.71%、8.05%、8.88%、9.57%、11.04%、10.34%。

③ 《最高检：未成年人犯罪呈低龄化趋势》，载央广网 2023 年 3 月 1 日，http://www.cnr.cn/news/20230301/t20230301_526167992.shtml，最后访问日期：2024 年 8 月 25 日。

④ 2020 年至 2022 年，检察机关审结（含起诉、不起诉）未成年人涉嫌帮信犯罪的人数分别为 236 人、3001 人、5474 人，同比分别增长 1171.6%、82.4%。

二、价值探究：数字赋能未成年人司法保护的应用优势

大数据技术的发展和应用牵引和带动了新时代检察工作方式、机制、理念和实践的创新，为办案监督赋予了新动能，也成为推动新时代未成年人司法保护高质量发展的新机遇。在未成年人司法保护中，运用大数据技术准确检索未成年人犯罪线索，通过从个案到类案的分析，更好地观察未成年人犯罪现象，分析未成年人犯罪特征和规律，进而多方位、全过程对未成年人进行司法保护，并在保护过程中协同多方力量，拓宽保护路径，共同参与保护，提升未成年人司法保护质效。

（一）数字赋能提升办案质效，积极推动源头治理

在办理未成年人犯罪案件过程中，大数据以其海量的数据池为基础，提供了充足的未成年人犯罪样本，通过对充足的信息样本查询、分析、研判，精准筛查犯罪线索，有助于归纳未成年人犯罪特征和规律，有针对性地提出犯罪治理对策和进行及时、有效的司法保护。数字赋能本质上弥补了检察机关挖掘、处理数据的能力，有效破解了传统法律监督被动型、碎片化、浅层次的短板问题。[①] 依托海量的法律监督数据，能够发现社会治理深层次问题与矛盾，从而为未成年人检察综合履职找到重大突破口和最佳切入点。以数据要素推动社会治理的同时，也从底层逻辑上促进了法律监督与社会治理的深度融合，实现了从“办一案”到“治一片”的延伸效果。

（二）数字赋能打破数据壁垒，形成“六大保护”合力

数字技术使得法律监督触角能够向更广阔处延伸。未成年人综合司法保护是一个多部门、多组织共同参与的综合治理过程，涵盖家

① 贾宇：《论数字检察》，载《中国法学》2023 年第 1 期。

庭、学校、社会、网络、政府及司法各个部门。大数据的应用有利于整合不同部门与组织之间的资源，打破数据壁垒，畅通侵害未成年人合法权益信息共享和线索流转渠道，拓宽未成年人司法保护路径。执法、司法机关共同搭建线上流转、互联互通、数据共享平台，联通“信息孤岛”，不仅打破传统未成年人司法保护各参与主体各自为营的局面，还加强了未成年人保护主体之间的沟通协作，共享信息、协同治理、共同参与，形成闭环，实现“六大保护”合力。

（三）数字赋能实现类案归纳，推动精准预防犯罪

未成年人司法保护应当是柔性司法，应具有两面性：一是惩罚，二是预防。[①] 在一定程度上，预防大于惩治。未成年人犯罪的特殊性决定了未成年人犯罪治理和司法保护必须以犯罪预防为主。而大数据技术的应用优势在于集合所有数据信息，通过收集、分析和研判数据，掌握未成年人犯罪规律，实现对未成年人犯罪的事前预防。甚至在大数据技术的助力下，对未成年人犯罪有可能达到精准预测和预防。在数字时代，数字赋能未成年人司法保护需要切实发挥数字技术对业务的支撑和补充作用，推动法律监督由点到面、由个案到类案、由一域到全域的系统治理，不仅要办案，还要找到案件背后的症结，办个案与化心结并重，从源头上预防和减少未成年人犯罪。

三、实证检验：数字赋能未成年人司法保护的具体实践

2023 年，最高检发布五例大数据赋能未成年人检察监督典型案例，这是数字赋能未成年人司法保护的实践成果，是未成年人检察一体化、综合化、积极履职的重塑，也是实现未成年人司法保护转型的关键。本批案例中，检察机关针对未成年人日常生活、学习可

① 梁敏：《未成年人司法保护的社会化路径探索》，载《法制博览》2021 年第 33 期。

接触的日常场景，围绕办案中发现的未保护或保护不充分难点，运用大数据监督模型，打破数据壁垒，发现监督线索，积极研判涉未成年人类案背后的社会治理漏洞，为未成年人犯罪治理和司法保护提供了实践基础。

案例一“河北沧县人民检察院督促履行校车监管职责大数据监督案”中，不同部门之间掌握的校车数据的“差异项”是校车存在隐患问题的盲区。检察机关从教育行政、公安交警、行政审批等部门获取了校车、司机、学生上下学乘车、运营许可等数据，通过对以上数据的综合分析，筛查出 140 辆校车中有 37 辆正在使用但无标识牌校车，其中 25 名驾驶人不具有校车驾驶资格；有标识牌校车中，5 辆校车实际驾驶人与登记不符、5 辆校车司机将满 60 周岁，需要及时更换；另筛查出私自营运校车业务的大巴、面包车 28 辆。在模型筛选过后，为保证筛选结果的准确性，沧县检察院还进行了实地调查，验证了大数据模型对比筛查结果的准确性。最后，沧县检察院进行行政公益诉讼立案，向教育部门提出诉前检察建议，督促教育部门联合公安机关开展校车专项整治活动。

案例二“浙江省湖州市人民检察院督促强制报告制度落实大数据监督案”中，检察机关从卫健部门、公安机关及医疗机构获取未成年人异常诊疗、未成年人入住旅馆、未成年人治安处罚等数据，汇总比对后，筛选出司法机关未掌握的涉未成年人异常诊疗记录，并将其中涉嫌性侵犯罪的线索移送公安。该模型运行以来，筛查自动报告线索 80 余条，同比上升 5 倍，已立案侦查侵害未成年人案件 7 起，联合帮扶救助 8 人次。

案例三“浙江省金华市婺城区人民检察院督促事实无人抚养儿童监护大数据监督案”中，婺城区检察院联合公安机关研发了“事实无人抚养儿童智慧发现救助”数字化应用平台，借助该平台智能运算，筛查出 28 条待核线索，经人工核实，确定 5 人因父母涉案被捕等原因符合事实无人抚养儿童的认定条件。

案例四“北京市人民检察院督促整治校园周边违规设置不适宜未成年人活动场所大数据监督案”中，检察机关通过公益诉讼智能线索发现分析研判平台获取相关线索信息900余条，通过筛选发现可能违反法律法规的线索104条，已立行政公益诉讼案件14件，整改结案8件。

案例五“贵州省贵阳市南明区人民检察院督促整治校园周边噪声污染大数据监督案”中，南明区检察院获取了环保、交管、住建等部门噪声举报、噪声值数据、道路监控抓拍、建筑工地施工备案、噪声污染行政处罚等数据信息，综合分析筛选出校园周边存在的噪声污染行为和噪声污染源，噪声污染违法行为未被行政机关处罚和治理的案件线索①。

自最高检实施检察大数据战略以来，已初步完成了国家检察大数据中心和检察大数据标准体系、应用体系、管理体系、科技支撑体系的建设。随后，全国各地各级检察机关也积极探索、创新，逐步建立本地区检务大数据资源库、上架更多具有可操作性的大数据法律监督模型，汇集内外部数据资源，形成了跨类别、跨层级、跨单位的检察大数据交换共享体系和纵向覆盖全国四级检察机关、横向跨越检察机关各部门的检察数据资源交换和共享机制。大数据模型的出现实现了检察机关办案方式的结构性变革，是数字检察从理念转化为实践的点睛之笔，让数字从工具化向要素化转化，彻底变成检察工作本身的一种要素。由此可见，数字赋能未成年人司法保护已有较为深厚的司法实践基础。②

① 该模型累计识别出参与道路“飙车”“炸街”人员59人（其中未成年人15人），确定建筑工地噪声污染18处，社会生活噪声污染50处。检察机关整治辖区校园周边噪声污染26处，扣押摩托车11辆，勒令整改摩托车40辆，对“飙车”“炸街”的15名未成年人及其家庭进行法治教育和家庭教育。

② 龙敏：《未成年人犯罪治理与大数据应用》，载《青少年犯罪问题》2023年第4期。

四、问题审视：数字赋能未成年人司法保护存在问题及归因分析

大数据模型是数字赋能检察工作的主要载体和手段，在司法实践中，检察机关通过大数据模型分析形成违法犯罪线索追踪的“筛子”，在非常短的时间内就能通过这个“筛子”过滤出数据交集点与异常点，从而精准锁定犯罪嫌疑人或者其他违法犯罪情形，因此数字检察的发展无法回避对数字模型建用的研究。通过对司法实践中已有的数字模型进行分析，发现数字赋能未成年人司法保护尚存在一些问题。

（一）内涵原理未厘清

数字赋能未成年人司法保护是积极响应“数字检察”战略的重点举措，但“数字赋能未成年人司法保护的具体含义、理念、功能与运行逻辑并不清晰。主要表现在以下几点：一是基础概念模糊。大数据监督模型是数字检察司法实践的产物，对于其理论的研究十分匮乏。关于大数据法律监督模型的定义，理论界和实务界均无明确回答。对于这一基础概念的模糊理解，导致与其相关的其他概念相互混淆。以“数据碰撞”为例，该词在以上监督模型及其他数据法学理论方面作为一种数据分析的方法反复出现，即指向不同种类数据之间通过对比发现数据异常或相关性。而在中国知网以“数据碰撞”为关键词进行检索，可以发现，该词在其他学科常作为一个需要避免和防止的“问题”出现。二者含义大相径庭，因此厘清法学界大数据建模的基本定义，统一相关用语的基础含义是首要关键。二是理论支撑不足。理论是指导实践的根本，司法实践顺应时代发展规律诞生并推动数字模型检察的发展与进步，但无论是数字赋能还是大数据模型的基础概念、理念、基本原则、内在运行逻辑、理论依据及具体操作等，都尚无体系化的研究和解释。

（二）数据效用未激活

数据是大数据赋能的先决条件，也是大数据模型建立的基础。当前的司法实践中存在数据挖掘浅显的问题，主要表现为以下几点：一是数据量不足。“数据池”是构建大数据模型的基础，没有数据或者数据不全面从根本上会导致大数据模型无法建立。现在已有的法律监督模型计算出来的数据根本无法称为“大数据”。如最高检发布大数据模型案例一中140余辆校车样本数据以及某区检察院控辍保学监督模型中通过收集随迁子女身份信息（公安数据）、学籍信息（教育机关数据）、居住/暂住信息、教育情况等数据而建立的6713人的学籍异常人员数据库等，其数据范围仅限于地方数据。① 二是数据获取异常。检察机关数字模型建设所采用的数据主要来源于检察系统内部，外部数据获取困难。由于不同部门之间存在数据壁垒，检察业务数据、其他政法机关的数据以及社会数据，检察机关难以通过顺畅、合法的方式进行常态化的获取，建立“数据池”就变得困难重重，数据壁垒的存在导致不能构建理想化的数据模型，在很大程度上影响了大数据赋能法律监督的效果。② 三是数据安全性难以保障。实现数据共通是数字赋能的必由之路。确保数据安全是数字检察的前提。当前，受设备、技术的限制，在获取数据过程中，数据的获取途径、存储平台及使用方法都存在安全隐患，如大部分数据由业务部门人员自行完成采集、数据未进行加密处理等情况。③

---

① 胡铭、陈竞：《大数据法律监督建模的定位、流程与方法》，载《北方法学》2024年第1期。

② 蔡伟伟、吴洁、陈健飞：《侵害人身权类司法救助大数据模型的构建》，载《中国检察官》2023年第14期。

③ 刘巍：《数字赋能检察工作高质量发展的思考与研究》，载《辽宁公安司法管理干部学院学报》2023年第4期。

（三）建用层级存在争议

以数据为依托，要保证数字赋能未检工作提质增效应考虑大数据模型建用的层级问题，避免同步建设。武汉大学法学院教授罗昆提出，未检数据平台应该明确其构建的层级，避免各个基层院同步建设。数字检察，简言之就是“数字+检察”，“数字”主要是指大数据技术，“检察”即业务。用大数据技术助力检察业务，无疑会提升检察业务的效率，但大数据技术要发挥作用，数据作用不容忽视。

（四）建模人才缺失

“数字建模”，顾名思义，“数字”是核心。一旦建模所依靠的大数据技术缺失，就不可避免地会导致模型结构单一、检察数据挖掘表面、模型实用性低等问题。问题的背后实则反映的是复合人才的缺乏。一方面是办案人员不足。实践中少数检察院还没有形成独立的未检办案团队，检察官在办理未成年人案件的同时，还要兼顾其他业务工作。另一方面是专业素质有待提升。目前检察机关还缺乏相应的复合型人才，大多业务人员对于建模技术、相关软件无法掌握，掌握专业技术的人员又无法领悟法律业务，这就导致检察机关对于获取的数据大多通过人力分析方法，而鲜少借助机器处理。这就导致在数据挖掘的过程中只能获取表面数据，最终造成模型闲置化。

（五）治理主体有边界

未成年人司法保护是一项系统性、综合性、长期性工程，仅依靠一个部门是无法完成的，需要职能部门、相关单位、社会力量共同参与，形成综合治理格局。实践中，由于技术的限制、理念的约束、技能的落后，各个部门或多或少地认为数据是属于自己单位独占的资源，缺乏数据开放和共享的意识，甚至在系统内部，不同地区、部门之间也存在数据信息封闭的情况，这不可避免地使得很多未成年人相关信息仍以一种简单化、静态化的形式呈现，最终导致数字赋能未成年人司法保护存在数据不互通、信息不共享、保护阶段性的问题。这反映出未成年人司法保护各个参与主体之间存在壁垒和界限，为了更好地形成“六大保护”合力，这种界限亟待打破。

五、实现愿景：数字赋能未成年人司法保护质效提升的优化路径

（一）在办案中强化数字未检理念

大数据背景下，要充分发挥数字赋能未成年人司法保护的效能，必须更新当下未成年人司法保护的理念，改变传统的保护理念和模式，以主动预防、多元保护、数据共享等理念为指导，实现数字赋能未成年人司法保护提质增效的新转型。

1. 树立主动预防理念

由于未成年人犯罪自身的特殊性，此类案件的办理应坚持“教育与惩治、预防与矫正”相结合的原则，其中事先预防和主动干预更为重要。因此，树立主动预防理念，可以从源头上对未成年人不良行为进行干预指导，在早期阶段就制止未成年人犯罪发生，帮助未成年人走上正道，从而实现未成年人保护的目的。

2. 形成多元治理理念

在传统未成年人司法保护中，司法机关作为主要保护主体，在大数据时代，数据的主要应用优势在于能够提供一个资源整合平台，将司法机关、相关职能部门及社会力量等各方的资源收集在一起，在各参与主体的协同助力下提出针对性的保护方案和对策。因此，形成多元治理理念有助于充分发挥大数据在未成年人司法保护中的作用和优势，建立多元治理体系，真正形成“六大保护”合力，实现未成年人全面、高效司法保护。

3. 坚持数据共享理念

数据共享有助于健全和完善各个保护主体之间的衔接与合作，因

此打破交互壁垒，实现各个治理主体之间的数据共享是数字赋能未成年人司法保护的理想状态。建设大数据平台可以实现各个保护主体之间数据与信息的共享和交互，提高保护效能。

（二）在制度上明确数字未检规则

制定、完善数字建模成文化规则有助于检察机关更高效、系统地进行数字建模工作。根据建模步骤，建模规则应当包含以下六个部分：一是收集数据。指引建模者明晰模型所需要的数据，并确定要收集的数据类型、数据来源和收集方法。二是数据理解与特征提取。指明处理不同数据的操作方法和提取标准、流程。三是模型选择。介绍已投入使用并取得较好效果的模型，以此为例介绍不同类型模型的效用并说明选择模型的考虑因素。四是模型评估和维护、更新优化。详细介绍评估模型的步骤，包括模型使用的评估标准、模型投入使用的维护办法、模型的更新升级时间和操作办法。五是模型部署与监控。主要解释将模型投入司法实践使用的具体方法，模型监控的策略。六是数据安全和隐私规范。强调获取和应用数据安全性和保密性的重要意义，阐明数据访问的权限和共享的政策要求。①

（三）在实践中构建未检数字平台

我国现有的数字赋能未成年人司法保护具体体现为未成年人大数据法律监督模型的建立和完善上，除此之外，还应从加强未成年人信息数据大数据平台、未成年人犯罪动态管理系统、未成年人犯罪智慧普法平台的建设上展开。

1. 共建未成年人信息数据大数据平台

全方位、多维度采集未成年人数据需要一个统一的大数据平台来

① 胡铭、陈竞：《大数据法律监督建模的定位、流程与方法》，载《北方法学》2024年第1期。

实现数据之间的互联互通。[①] 一方面，充分调动检察业务应用系统“内生”数据。办案实践中，以省级检察机关统一的2.0业务应用系统为原点，分别向本省内的市、县检察机关辐射，打破各自为战的检察数据，做到检察业务“一网通办”。与此同时，在2.0办案系统中试点增设数字检察模块，收集公安机关移送的文书、审判机关作出判刑的裁判文书，下放检索权限，从而为检察机关日后办理同类型案件建立相关数字模型提供有效的数据支撑。另一方面，打通数据壁垒，拓展“外源”数据渠道。联合公安机关、市场监督管理部门、卫健委、公共法律服务中心等部门，推动开通“涉未成年人犯罪预防和保护警情”信息平台，加强跨部门之间的数据共享，促进各部门之间的融通协作，凝聚各方力量，共建未成年人保护大数据共享平台，以深入推进数字化改革作为深化“六大保护”的强大助力。该平台的建立亦为大数据监督模型提供了海量数据，有助于监督模型的完善和数据效用的激活。

2. 建立未成年人犯罪动态管理系统

数字赋能未成年人司法保护的价值在于实现对犯罪的实时监管和精准预防。未成年人犯罪动态管理系统旨在利用大数据对未成年人犯罪情况进行归纳总结，概括其共同特征，进一步对未成年人不良行为或严重不良行为进行监督。以未成年人盗窃犯罪治理为例，可以对涉盗窃犯罪的未成年人的盗窃次数、盗窃人数、涉案价值等相关数据进行归集、分析，进而对涉罪未成年人进行评估与分级。在此基础上，对具有严重盗窃犯罪倾向的未成年人的日常行为进行实时监控，通过文本挖掘技术、社会网络分析方法等大数据方法，及时掌握此类未成年人的异常行为，对所监测到的不良行为或犯罪行为及时进行干预与制止。当前，检察机关已开始进行建立未成年人犯罪监管系统、监护人App系统等实践探索。[②]

① 龙敏：《未成年人犯罪治理与大数据应用》，载《青少年犯罪问题》2023年第4期。

② 龙敏：《未成年人犯罪治理与大数据应用》，载《青少年犯罪问题》2023年第4期。

3. 构建未成年人犯罪智慧普法平台

智慧普法平台的建立有助于借助大数据实现多维度、全过程、精准化普法宣传。加强对未成年人的普法宣传至关重要，是从源头上降低犯罪率的重要举措。运用大数据技术对未成年人进行普法宣传，改变传统依靠人力为主的普法手段，拓宽普法宣传面、提高普法宣传精准度，未成年人在该平台上可以查询相关法律知识、观看普法宣传视频，以此精准高效实现对未成年人的犯罪预防。

（四）在团队中打造数字检察队伍

加强数字人才培育，强化未检干警大数据素能是当务之急。一方面，成立数字检察小组，引入技术人员主导建模。由于大数据天然地具有复杂性和难操作性，为了提高建模效率、减少资源浪费，可以在市一级人民检察院成立数字检察小组，负责市辖区内所有建模任务。同时，在一定时期内邀请计算机领域、法学领域等相关领域技术、业务优秀人员成立数字检察研发小组，专门负责本年度的数字建模活动，开发具有实效的数字模型并投入使用、推广，让大数据助力数字检察。另一方面，加大对检察官的技能培训。通过线上线下相结合的方式，开展研讨会、云直播课堂、实践指导讲座、外出培训交流等活动，从理论到实践全过程培养检察官建模的数据分析能力、技术专业素养和软件操作熟练度。另外，举办大数据法律监督模型构建比赛，邀请专业技术团队全程参与指导，在实践中提高建模技能。

（五）在协作中打破涉未保护壁垒

检察机关对未成年人进行司法保护，部门联动整合司法、社会资源，将司法保护与社会保护深度融合。未成年人司法保护是一项系统性工程，相关职能部门需通力合作，不仅要破除数据壁垒，更要破除理念约束，强化彼此间的交流和沟通，畅通合作渠道，加强协作配合机制建设。同时，数字检察也是一项开拓性、全面性工程，需要从制度层面进行指挥协调，整合各条线力量，形成跨部门一体化、集约化作战的办案机制。数字赋能未成年人司法保护就是通过数字化手段实现帮、教、监、护为一体的综合履职数字化模式，推动未检部门高质效办案，不断提升未成年人综合司法保护水平。实践中，多地检察机关携手本地行政职能部门及高校，联合签订了各种《意见》《办法》等，建立了行政机关、检察机关和社会团体三方共同参与的多元化未成年人保护机制，[①] 初步凝练出新时代未成年人检察“综合履职 + 综合保护 + 数字赋能”的新模式，这是对中国特色未成年人检察制度的积极探索。[②]

六、结语

为未成年人提供综合司法保护是新时代未成年人检察工作的重要目标，大数据赋能未成年人司法保护将大数据与未成年人犯罪预防及治理高度融合，有利于提高未成年人检察监督能力，推动新时代未成年人司法保护能力向现代化转型。就数字未检而言，一方面其打破了数据壁垒、精准预防犯罪、提升了办案质效，满足了新时代未成年人保护的司法需求，另一方面在我们沉浸于其创造的种种“奇迹”时，也应对其所存在的问题时刻保持清醒，因此正视数字未检呈现的内涵外延不明晰、数据效能未发掘、建模人才有缺失、建模层级不明确及治理主体存在边界等问题，积极主动投身于完善数字赋能未成年人司法保护中，是我们在新时代更坚定、更自觉走好检察事业新长征路的责任与担当。

① 蔡伟伟、吴洁、陈健飞：《侵害人身权类司法救助大数据模型的构建》，载《中国检察官》2023 年第 14 期。

② 岳慧青、王婕：《未成年人综合司法保护暨大数据赋能未成年人检察监督》，载《预防青少年犯罪研究》2023 年第 4 期。

“六大保护”背景下流动未成年人犯罪预防与治理路径探析
——以G市T区未成年人犯罪群体分析为样本

何素梅　谢　艺　黄绿夏*

近年来，未成年人犯罪态势日益严峻，引发社会高度关注。党的二十届三中全会通过了《中共中央关于进一步全面深化改革 推进中国式现代化的决定》，其中明确要求“完善推进法治社会建设机制”，提出加强和改进未成年人权益保护，强化未成年人犯罪预防和治理。为充分发挥检察职能作用，强化对未成年人犯罪预防和治理，切实保障未成年人的合法权益，G市T区人民检察院围绕该区2019年至2023年五年间受理的未成年人犯罪案件进行数据比对及综合分析，探索从司法、政府、家庭、学校、社会、网络“六大保护”渠道，构建全方位、立体化的未成年人保护机制和防线，有效预防未成年人违法犯罪，护航未成年人健康成长。

一、G市T区未成年人犯罪基本情况

2019年至2023年，G市T区共受理涉罪未成年人审查逮捕案件239件307人，受理涉罪未成年人审查起诉案件222件285人，具体

* 何素梅，广东省广州市天河区人民检察院党组书记、检察长、二级高级检察官；谢艺，广东省广州市天河区人民检察院未成年人检察工作办公室主任、四级高级检察官；黄绿夏，广东省广州市天河区人民检察院未成年人检察工作办公室检察官助理。

数据分析如下：

（一）涉罪未成年人基本信息

1. 涉罪未成年人户籍与居住情况

8.8%的涉罪未成年人为G市户籍，91.2%为非G市户籍，可见流动未成年人较非流动未成年人更多地参与违法犯罪活动。涉罪未成年人54%居住于G市T区，且大部分涉罪未成年人居住于社情较复杂的城中村；25%居住于G市非T区；21%居住于G市外。

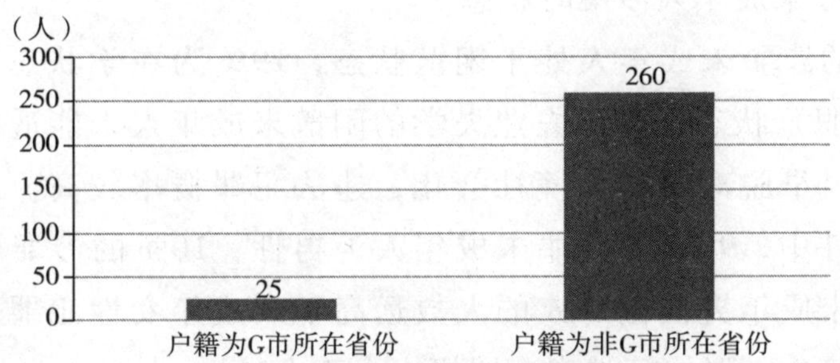

图1　涉罪未成年人户籍情况

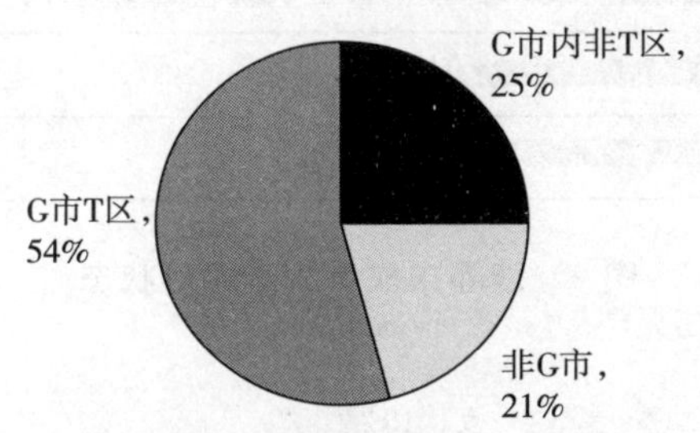

图2　涉罪未成年人居住地情况

2. 涉罪未成年人迁移次数

49%的涉罪未成年人迁移次数为1次，17%的涉罪未成年人无迁移史，14%的涉罪未成年人迁移次数为2次，结合涉罪未成年人户籍情况进行分析，该群体基本为流动人员。

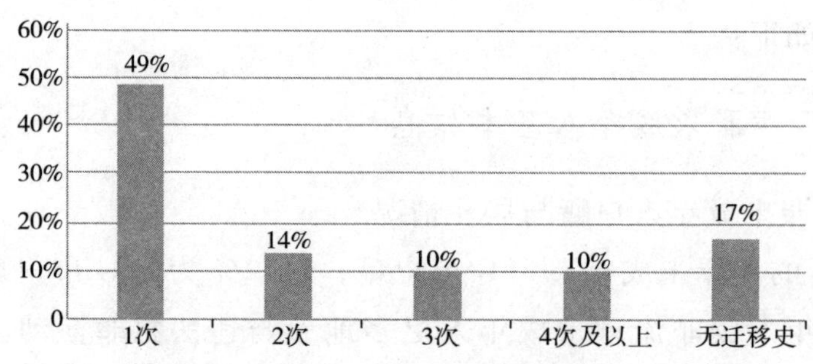

图 3　涉罪未成年人迁移次数情况

3. 涉罪未成年人涉案时状态

62% 的涉罪未成年人处于闲散状态，19% 为在学状态，19% 为在业（兼职）状态，可见失业失学的闲散未成年人未能适龄接受学校教育，过早脱离学校环境社会化，违法犯罪概率较高。在未成年人犯罪案件中，90% 的涉罪未成年人为男性，10% 的涉罪未成年人为女性，未成年男性犯罪人的人数远高于未成年女性犯罪人，且对于财产、暴力、群体等类型犯罪概率大于女性。

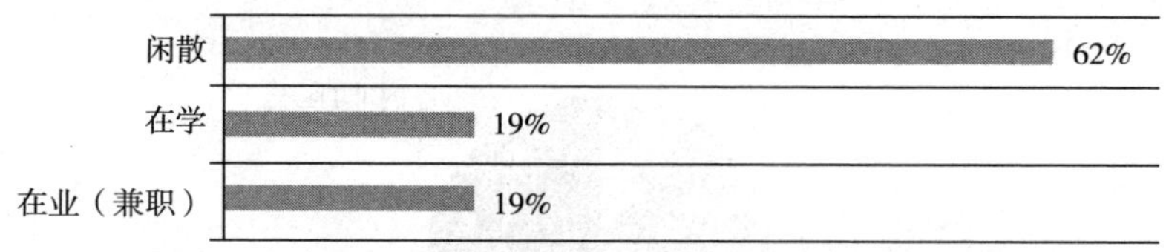

图 4　涉罪未成年人涉罪时状态

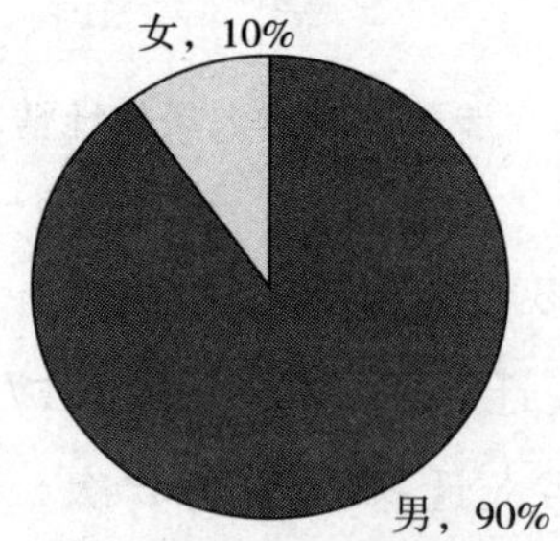

图 5　涉罪未成年人性别情况

4. 涉罪未成年人同案朋辈情况

38%的涉罪未成年人无同案朋辈犯罪人，57%有同案朋辈犯罪人，同案朋辈为被侵害未成年人的为4%，同案朋辈中既有被侵害未成年人也有涉罪未成年人的为1%。

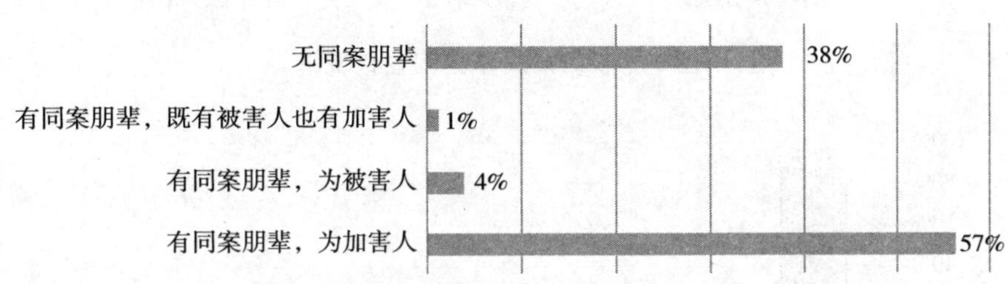

图6 涉罪未成年人同案朋辈情况

综合涉罪未成年人基本信息分析发现，未成年人犯罪群体中男性比例较高，流动人员占比大，多数居住于区内社情复杂的城中村，跟随父母流动或与朋辈结伴来G市，且大部分处于闲散状态，与同龄人相比，这部分未成年人过早地社会化，社会经历相对丰富，大多存在同案涉案朋辈，朋辈来源、交往方式存在较大危机。

(二) 涉罪未成年人家庭和受教育情况

1. 涉罪未成年人家庭同住情况与家庭管教类型

与家人同住的为59%，单独居住的为38%，其他与朋友、情侣居住的占比3%。87%的涉罪未成年人为放任型家庭管教模式，5%为专制型家庭管教模式，4%为溺爱型家庭管教模式，4%为民主型家庭管教模式。可见，虽然大部分涉罪未成年人与家人同住生活，但父母对未成年人采取放任型管教，未能有效有力管教未成年人，容易造成家庭关系疏离，导致未成年人缺乏规则意识、法治意识。

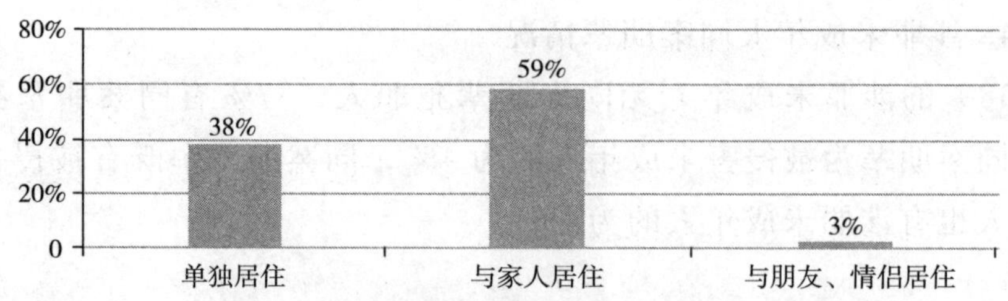

图 7　涉罪未成年人同住情况

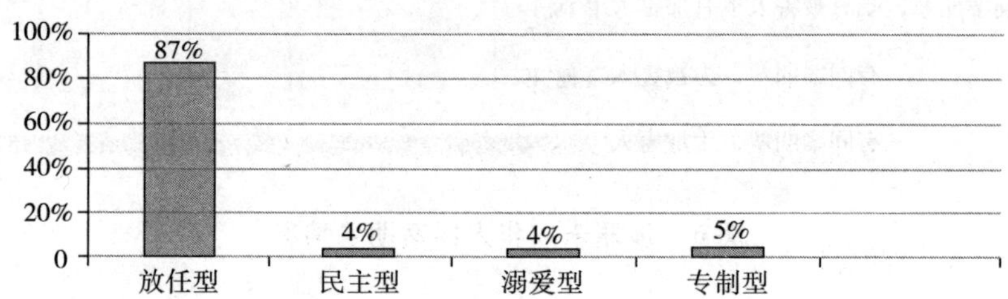

图 8　涉罪未成年人家庭管教情况

2. 涉罪未成年人家庭经济状况

在涉罪未成年人中，家庭收入状态集中分布在低收入及中等偏低收入家庭，占比为总人数的 76%，中等收入家庭占比 14%，而中等偏上收入及高收入家庭占比仅为总人数的 10%，可见涉罪未成年人家庭经济整体呈现出不理想状态，涉罪未成年人往往需提前踏入社会寻求经济收入途径以协助家庭增收。

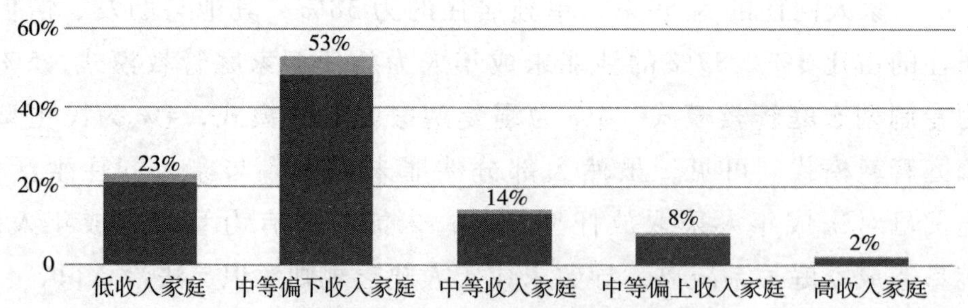

图 9　涉罪未成年人家庭收入情况

3. 涉罪未成年人就读的中小学类型

小学方面，71%的就读于市外公办小学，6%的就读于市外民办小学，12%的就读于市内民办小学，11%的就读于市内公办小学。中学方面，65%的就读于市外公办中学，14%的就读于市内民办中学，13%的就读于市内公办中学，8%的就读于市外民办中学。结合涉罪未成年人户籍及就读学校类型分析，流动人员群体为重点关注群体。

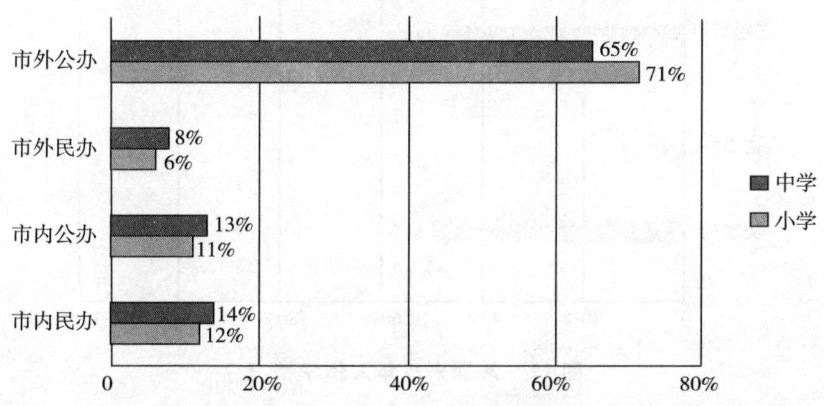

图10 涉罪未成年人就读学校情况

4. 涉罪未成年人涉案时受教育情况

涉案时受教育水平为初中的占比47%、为高中或中职的占比31%、为小学的占比16%、为大学或高职的占比6%，可见涉罪未成年人涉案时个体接受学校教育、法治教育相对缺乏，学习能力欠缺，认知水平有限。

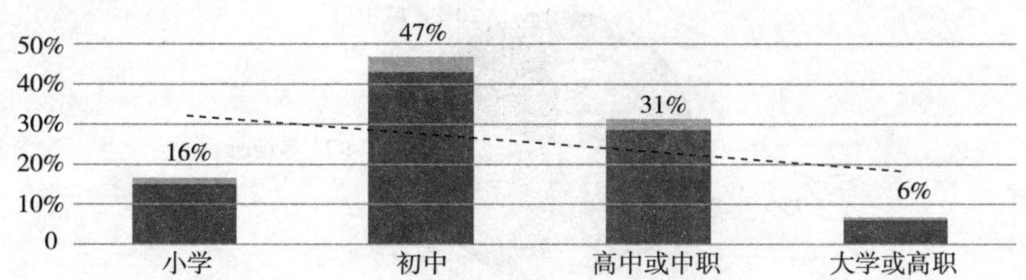

图11 涉罪未成年人受教育情况

5. 涉罪未成年人辍学情况

51% 的涉罪未成年人辍学 1 次，48% 的涉罪未成年人无辍学史，1% 的涉罪未成年人辍学 2 次，涉罪未成年人群体大多曾有辍学经历，结合涉罪未成年人中大多处于中、小学学习阶段的特点，该类群体易因法律意识淡薄而走向违法犯罪，故应重点关注辍学闲散未成年人。

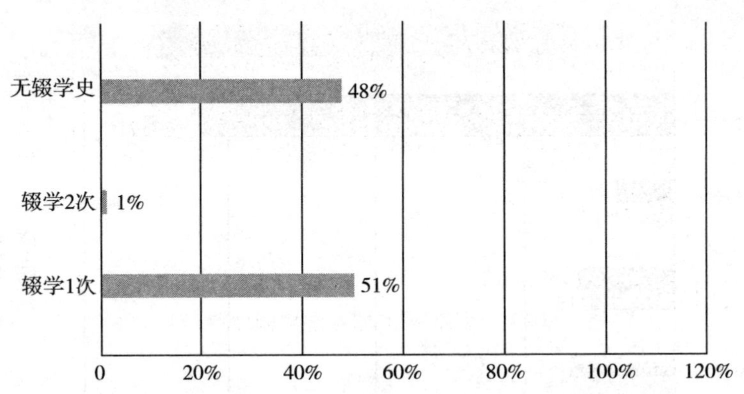

图 12　涉罪未成年人辍学情况

（三）涉罪未成年人案件其他情况

1. 涉案地点情况

20% 的案件涉案地点在城中村，7% 的案件涉案地点在 KTV、宾馆、酒店、酒吧等特殊场所。这与 G 市 T 区辖内人口密集、结构复杂、城中村较多及拥有全市 KTV、酒吧数量最多的区域特点相关。

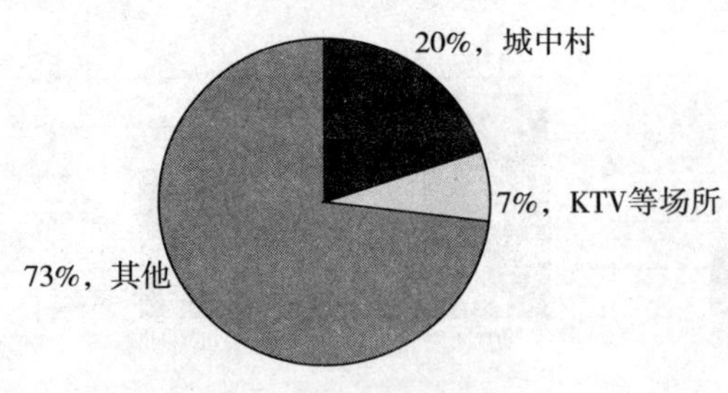

图 13　案发地点情况

2. 涉罪未成年人使用网络情况

17%的涉罪未成年人犯罪与使用网络相关，如未成年人通过网络交友认识被害人或同案人后实施犯罪，未成年人使用网络实施犯罪以及未成年人因为沉迷网络而导致犯罪，因此未成年人使用网络情况值得关注。

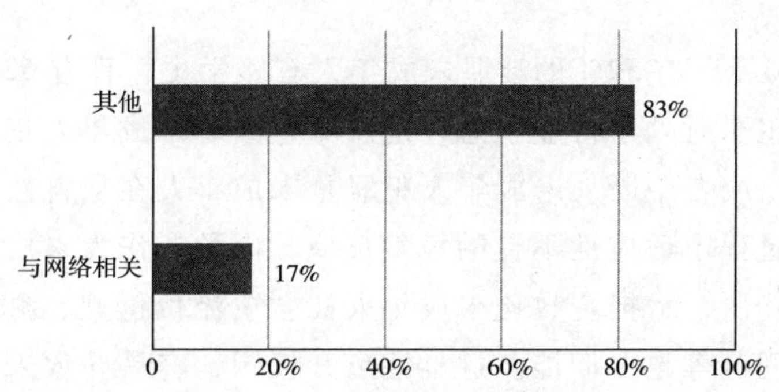

图 14 涉罪未成年人使用网络情况

二、未成年人犯罪案件特点及成因分析

（一）人员流动性大，家庭正向联结力不足，使得未成年人走入恶性循环

G市T区属于经济较为发达地区，外来务工人口比例较高，未成年人多随父母外出务工来此，故流动未成年人占比较高，该类流动家庭中，父母管教方式不当或者自身务工繁忙，易导致对流动未成年人的沟通联系和教育引导有所欠缺。数据显示，未成年人犯罪案件中，相较于专制型和溺爱型管教类型，放任型管教方式极为普遍，占比为87%，父母对未成年人的行为和学习不管教、不懂管教，在这种环境中成长的未成年人往往对事物缺乏责任心，行为放纵，且未成年人和父母的关系通常较为疏离，缺乏情感交流和内在的情感联结，该特征也与社会控制理论当中的“依附”高度吻合。社会控制理论当中的“依附”，是指对父母或者学校有内在情感联结，如果

未成年人与父母或者学校有较好的内在联结，则未成年人会考虑犯罪行为是否会伤害这种联结，从而避免犯罪。因此在流动家庭中，父母和小孩的关系往往难以建立“依附”关系，犯罪风险性相对较高。

（二）缺少学校教育，过早接触社会，更容易导致不良社会化

数据显示，有 52% 的涉罪未成年人有辍学史，且有 62% 的涉罪未成年人犯罪时处于待业状态，这意味着涉罪未成年人正常的社会化往往受阻或者中断。未成年人犯罪是未成年人在从自然人发展为社会人的过程中适应性不良的极端反应，而学校作为未成年人社会化的重要场所，承担着教化未成年人社会主流价值观、科学文化知识及道德规范等重要职能。过早地离开校园，容易导致未成年人不良的社会化，如接触不良社会群体和社会事件等，不良社会化会进一步导致未成年人在社会上闲散浪荡时，无稳定经济来源满足日常生活需要，缺乏足够的认知能力以及社会参与感、责任感，进而引发犯罪风险性行为，特别是财产性犯罪。这也体现了社会控制理论当中的“参与”理论，即未成年人需要有足够的社会参与，才可以减少犯罪所需的时间和精力，如果未成年人总是无所事事，社会化程度不足，会导致涉罪风险系数倍增。

（三）交友不当、网络不良文化的扩张，让未成年人迷失自我

数据显示，有 62% 的涉罪未成年人属于同伙作案，这也体现了未成年人犯罪共性特点。未成年人属于分离个体化的重要阶段，在渴望离开家庭、成为独立个体的同时，也在被同辈群体所吸引，容易认同和归属于同辈群体，因此不少未成年人可能处于“朋辈压力”或出于“江湖义气”而发生犯罪行为。与此同时，随着社会发展与网络的普及，未成年人“触网”已相当普遍，未成年人通过网络交友、娱乐，甚至通过网络了解世界，但是网络上存在大量不适合未

成年人浏览的涉黄、涉暴力信息，好奇心使未成年人难以抵御网络带来的诱惑，易受网络不良信息影响而扭曲三观，进而产生犯罪动机，甚至引发犯罪行为的效仿。因此，未成年人人际交往范围呈现线下限缩、线上扩展的趋势，未成年人与身边的亲人交流少，情绪宣泄出口闭合或者外化，更容易出现心理问题，迷失自我，进而诱发违法犯罪。

三、检察机关推动完善“六大保护”格局，开展流动未成年人犯罪预防和治理路径探索

T区作为G市拥有超3000家网络游戏企业和全市数量最多的KTV、酒吧，这些企业、娱乐场所给T区带来经济效益的同时，也可能引发社会治理问题。此外，由于T区内城中村较多，具有人口密集、结构复杂等特点，也给开展未成年人犯罪预防和治理带来挑战。T区检察院结合上述调研数据分析，发挥创新引擎的优势，探索创新流动未成年人司法保护路径，助推政府、家庭、学校、社会、网络其他“五大保护”，全面强化流动未成年人犯罪预防和治理。

（一）坚持立足主职、宽严相济、协同配合理念，搭建司法保护矩阵

“高质效办好每一个案件”是检察履职办案的基本价值追求。真正做实涉未成年人案件高质效办理，要求未成年人检察在履职办案各环节始终遵循“三个善于”要求。T区检察院坚持“预防就是保护，惩治也是挽救”理念，在办理涉罪未成年人案件时，将依法惩治作为特殊形式的教育挽救，准确适用未成年人宽严相济刑事政策。

一是对犯罪主观恶性大、有多次违法犯罪前科、无悔改表现、实施严重暴力、社会影响恶劣的涉罪未成年人依法惩治，发挥刑罚的警示教育作用，当严则严，保持必要的司法震慑，有力警示教育相关责任主体。对主观恶性不大、犯罪情节较轻，在共同犯罪中起次

要或辅助作用的，或者系初犯、偶犯的涉罪未成年人，充分发挥附条件不起诉的特殊预防和矫治功能，在办案中综合运用社会调查、心理干预、人格甄别等手段，剖析其走向犯罪的深层次原因，制定个性化教育挽救方案，通过心理干预引导完成内化转变，有效提升帮教的精准性、实效性。

二是探索在附条件不起诉监督考察中引入传统文化元素，结合独具特色的当地传统非遗文化，通过安排涉罪未成年人参与文化宣传活动、制作特色手工制品等方式，形成独具特色的“检察 + 当地传统文化”罪错未成年人帮教体系，增强流动未成年人对当地传统文化的认同感。同时立足 G 市文化沉淀，与行业协会搭建检企帮教平台，为涉罪未成年人提供职业规划指导、提供职业技能培训及就业岗位。通过“检企协作 + 观护帮教”协同发力，实现文化传承与观护帮教巧妙融合，帮助罪错未成年人顺利完成监督考察，走出涉罪从业困境，降低再犯风险。

三是与区公安分局共同设立未成年人司法保护检警协作办公室，联合签署实施细则，完善提前介入、引导侦查、补充侦查、专门学校衔接机制，携手打造未成年人司法保护新模式。同时，以开展公检法同堂培训为契机，紧紧围绕流动未成年人犯罪案件特点，着力协调统一未成年人案件办理中争议问题，加强侦查监督，充分发挥检察机关承上启下、把关调控等法律监督职能。

（二）紧盯场所安全、困境救助、日常预防环节，提升政府保护质效

针对校园周边、城中村出租房、酒吧旅馆、网络平台等涉罪未成年人案件高发场所领域存在诱发犯罪的风险隐患，T 区检察院扎实做好调研走访工作，深挖监管和治理问题，推动公安、教育、文旅、市场监管等职能部门加强对上述场所领域的监管和治理。

一是以守护未成年人校园安全为切入口，联合区教育局对辖区内

幼儿园、中小学校园、校外培训机构等进行安全检查专项行动，针对现场检查发现的问题，积极发挥涉未公益诉讼检察职能，与相关职能部门进行磋商，制发检察建议及时督促整改，推动辖区内校园、校外培训机构安全措施的完善。督促推动区公安分、文广旅体局、市场监管局加强城中村出租房、KTV 酒吧、网络平台等执法监督，铲除涉未成年人违法犯罪土壤。

二是坚持刑事案件同步审查、司法救助同步移送、社会支持同时开展“三同步”机制，及时接收流动未成年人刑事申诉、控告和司法救助线索，建立未成年人身体康复、经济帮扶、生活安置、法律援助、复学就业等多元救助机制，凝聚多方力量共同搭建覆盖未成年人身心健康、保护支援的救助网络，保障流动未成年人的监护权、受教育权、生存权。积极争取党委、政府的工作支持，将“未成年人求助保护及社会治理完善”纳入 T 区平安建设考评项目，增强检察建议刚性。

三是联合区委政法委、共青团、妇女等举办流动未成年人夏令营系列活动，通过摆摊宣传、开展法治之旅活动等方式，普及校园欺凌、隔空猥亵、电信诈骗等热点问题知识，增强家长和流动儿童的日常安全意识和自我保护能力，全力护航流动“小候鸟”。

（三）依托检团共建、检街共联、监护共管机制，压实家庭保护责任

针对涉罪未成年人存在辍学、失管等监护不到位的情况，T 区检察院积极落实《民法典》和《家庭教育促进法》的监护和家庭教育规定，努力做好涉案、失管未成年人家庭教育指导的前后衔接，深化家、校、社共育格局，加强职能部门、社会力量联合推动落实家庭监护管教职责。

一是在办案中融入家庭教育指导，围绕案件成因进行分析调查、个案研判，并结合专业心理测评，深度评估涉罪未成年人监护现状，

精准定位家庭教育问题症结。针对流动未成年人违法犯罪或遭受侵害背后存在的监护人监管缺失、保护不力等问题，依法制发《督促监护令》和开展家庭教育指导，既强调干预和监护，又关注引导和帮助，筑牢未成年人家庭保护防线。善用微信、“启明星”帮教平台、专项问卷星等线上平台对涉罪流动未成年人展开全时空家庭监护督促工作，了解未成年人监护动态，及时发现问题及早介入解难，预防流动未成年人再次长期处于监护不当、监护缺失的危机状态。

二是将 G 市首个检团共建的家庭教育指导基地升级为以完善“六大保护”为目标的“六出花”未成年人综合保护基地。基地聚焦流动未成年人需求，选址于社情复杂、流动未成年人犯罪和遭受侵害问题相对高发的街道，首推“检团社”嵌入式专业提供未成年人保护的家庭教育专项服务，以“超前—临界—矫正”的三级预防闭环式服务链条，推动家庭教育问题标本兼治，协助面临管教困难的家长解决管教难题。2023 年，该基地被评为首批 G 市儿童友好城市建设试点基地和 G 市少先队校外实践教育基地。

三是以检察官工作室的形式入驻 T 区辖内 21 条街道综治中心，形成检街家三位一体的全覆盖式家庭教育指导工作体系，在各街道实现家庭保护全覆盖。针对流动未成年人家庭监护缺失或者父母长期忙于生计，无暇顾及孩子教育或者教育不当等问题，联合街道基层党组织、未成年人保护工作站、社区儿童督导员，引入专业力量，培育家庭教育专才队伍，通过专家进驻等方式，形成分类施治、多元参与的家庭教育指导模式，为流动未成年人及其家庭提供更高效、专业的综合保护。

（四）通过普法多元化、法治副校长实职化、法治教育应用化，助推学校保护落地

T 区检察院通过成立“六出花”法治宣讲团队，与学校合作组建由高校青年和中小学在校少年结对的“普法卫士成长护航队”，开展

"检察官＋行业专家"双师普法课堂等方式加强检学协作，优化法治宣传形式，有效提升流动未成年人法治教育和自护教育质效。

一是联合区教育局等单位举行"检察官＋行业专家"双师制普法课堂，以未保周、宪法周、国际志愿者日等重要普法节点为契机，开展以预防青少年违法犯罪和加强自护教育为主的法治宣传教育，结合传统文化元素，持续推进普法进校园、普法进社区、普法进家庭、普法进企业、普法进网络"五进"犯罪预防法治宣讲，促进增强流动未成年人法治意识，减少违法犯罪。

二是落实《检察官担任法治副校长工作规定》，由未检检察官和全院检察官组成法治副校长队伍，推动法治副校长实职化履职。帮助学校建立促进完善校园预防性侵害、性骚扰、防控欺凌等工作机制，延伸检察办案触角，会同相关部门积极开展校园环境综合整治，重点聚焦校园周边的书店、商店、文具店是否出售侵权商品、淫秽书刊、过期食品及"三无产品"等问题，推进校园周边治理，守护校园周边安宁。

三是联合区委政法委、妇联等单位在G市购书中心开辟"少年议事厅"及"儿童友好智慧＋"空间，设置儿童友好成果展示平台。招募学生担任"少年未保议事员"，通过"一米高度看城市"的视角，针对儿童友好城市建设表达看法。在流动人员密集的街道和学校组建高校青年与中小学在校少年结对的"普法卫士成长护航队"，开启青年带少年普法新模式，深化法治教育成果运用。

（五）突出数据赋能、合作共赢重点，凝聚社会保护合力

T区检察院通过与少年宫党支部、各街道党支部开展支部共建、资源共享、场域共联，并充分发挥检察官入驻街道综治中心作用，积极取得所在辖区职能部门和社会组织在司法、教育、心理和监管等多方面支持，推动完善全面、多元和协同的社会保护新格局。同时，从办理个案中发现规律性问题，构建系统化、全覆盖、可操作

的法律监督模型，以检察大数据战略赋能新时代法律监督。

一是针对流动未成年人犯罪高发的特点，打造“性侵人员前科记录入职查询和从业竞止监督”“酒店、公寓、日租房监督”“房屋出租流动人口报告监督”等多个法律监督模型，形成户籍地非 T 区居住地的未成年犯罪嫌疑人、性侵害未成年人、特殊场所名单等数据池，经过数据比对、碰撞，从海量数据中筛选出批量类案监督线索，发现流动未成年人管理制度机制、管理衔接等方面存在违法违规线索 38 条，依法制发检察建议推动社会治理。

二是以“治已病 + 治未病”为宗旨，通过个案办理深挖社会治理问题，持续加强与社会各界的协作配合，下大力气构建未成年人检察社会支持体系，推动公安、文旅、市场监管等职能部门加强对涉未成年人电竞酒店等新兴业态、KTV 酒吧歌舞厅等不适宜未成年人活动的场所等监管治理，强化网信办、网络协会对网络游戏、社交平台、直播平台的监督管理等，将案件办理效果转化为社会治理效能，促进系统治理、源头治理，营造全社会关注和保护未成年人的良好氛围。

三是针对未成年人常见问题，与市少年宫少先队工作部党支部、区妇联党支部等联签党建共建协议，通过党支部共建、资源共享、场域共联，链接资源开设符合不同年龄、不同性别、不同地区的菜单式课程，打造法治教育系列活动，如联合市委宣传部、G 市游戏行业协会等在少年宫举办“零距离学法”网络素养教育大家谈之模拟法庭活动；与强制隔离戒毒所开展国际禁毒日法治宣传教育活动；与区看守所开展“防性侵进高墙”法治安全教育活动，有效提升流动未成年人法治和预防再犯罪意识。

（六）聚焦优化机制、强化监督、细化宣传，构筑网络保护防线

针对 T 区是全国游戏产业聚集地之一，拥有超 3000 家网络游戏

企业的特点，T 区检察院以《未成年人网络保护条例》实施为契机，制定关于未成年人网络保护的工作方案，推动网信等职能部门建立跨部门、跨层级的网络保护数据库，监测游戏平台未成年人防沉迷系统运行状态，进一步加强对网络游戏、社交平台、直播平台的监督管理，并将网络安全作为法治宣传的重点内容，为未成年人营造清朗网络环境。

一是针对未成年人网络保护的难点和痛点，T 区检察院积极主动走访辖内文广旅体局、市场监管局、公安分局等行政主管部门，围绕未成年人网络保护及综合治理，联签《关于未成年人网络保护的工作方案》等文件，建立并运行跨部门跨层级的网络保护数据库，监测游戏平台未成年人防沉迷系统运行状况。相关部门通过技术巡查、内容巡查、安全监管等网络安全管理，借助数据库动态重点监测未成年人及网站平台中防沉迷系统运行状况，实时监测自建网站、网络平台依法售卖商品和提供网络服务，引导游戏企业的合规经营与行业自律。

二是从严惩治成年人胁迫、教唆、引诱、欺骗未成年人参与电信网络诈骗、帮助信息网络犯罪活动等违法犯罪活动。注重透过案件深挖未成年人网络保护的问题和漏洞，与市游戏协会、团区委搭建信息互通桥梁，督促游戏行业落实防沉迷系统及头部游戏人脸识别机制，加大监管力度。通过信息共享、资源互换、深入调查，发现相关网络企业存在的问题，通过检察建议、综合履职等方式推动源头治理。

三是携手专业社工、“普法卫士”志愿专队成员走进流动未成年人保护问题相对高发的城中村街道社区、涉案流动未成年人家庭，创新模拟法庭、情景剧、短视频等普法载体，系统展开网络犯罪预防和安全普法服务，营造网络保护良好氛围。

浅谈被性侵未成年人心理危机干预的检察参与

邝健梅*

性侵未成年人犯罪已经成为当下侵害未成年人犯罪中占比最大的犯罪。未成年人被性侵后，除身体受到伤害外，心理也受到了创伤，有的甚至会出现创伤后应激障碍等精神病症，需要及时进行心理危机干预，帮助其尽快稳定情绪，缓解急性应激症状，重建个体的心理和社会功能。检察机关应遵循最有利于未成年人的原则和双向保护原则，在依法严惩性侵犯罪的同时，加大对被害人救助的力度，及时对被性侵的未成年人进行心理危机干预，尽可能地对被害人实现最大保护。本文拟结合具体实践，就检察机关参与被性侵未成年人心理危机干预相关问题进行探讨。

一、心理危机与心理危机干预概述

（一）心理危机

心理危机是指个体突然遭受自然灾难、重大生活事件或者面临巨大精神压力，导致生活状况出现重大改变，尤其是当这种压力超出个体应对能力时感受到严峻的挑战和威胁的心理状态。具体表现为当个体的心理平衡被打破、个体原有的应对机制无法重新建立起心理平衡以及危机事件导致个体出现认知、情绪、行为等方面的功能

* 邝健梅，广东省江门市人民检察院第六检察部主任、三级高级检察官。

障碍时，个体即处于心理危机之中。如果任由心理危机状态持续发展，无法得到有效控制与缓解，则有可能给当事人带来心理创伤，并出现创伤后应激障碍。[①] 严重者会出现自残、自杀甚至攻击、杀人等极端行为。对于年幼儿童群体而言，可能还会出现分离焦虑、退行等行为表现。个体遭受性侵这种严重突发事件后，往往会打破原有的心理平衡，处于心理危机的状态。

（二）心理危机干预

心理危机干预是严重突发事件或创伤发生后迅速和及时采取的心理干预，可以帮助个体以恰当的方式处理应激事件，并帮助个体克服危机，以防止或减轻该事件对未来的心理创伤的影响，它是一种有计划有目的且全方位的心理指导、心理辅导或心理咨询，可以帮助心理状态已经严重失衡的个体重新获得心理状态的平衡，从而降低、减轻甚至消除其冲动性行为对自身、他人和社会的危害。[②] 个体遭受性侵后，如能对其及时进行心理干预，有利于缓解和减轻其心理不适症状，使其重新恢复心理平衡状态。

（三）心理危机干预的技术

心理危机发生后，一般先进行心理评估，了解评估对象的心理状态，为制定干预方案提供依据。常用评估工具包含成人和儿童的筛查工具，所选量表都经过实践应用，具有良好的信效度。常用的心理状况评估工具包括：心理健康自评问卷（SRQ－20），12 项一般健康问卷（GHQ－12），创伤后应激障碍简单初筛表（PTSD－7），焦虑自评量表（SAS），抑郁自评量表（SDS），汉密顿抑郁量表

① 张华威、彭琨：《国外政府应急管理中的心理危机干预经验与启示》，载《广州市公安管理干部学院学报》2017 年第 4 期。

② 杨铠华、李浩：《学校心理危机干预中“校—医—家”合作机制的实践路径研究》，载《云南警官学院学报》2019 年第 4 期。

（HAMD），汉密顿焦虑量表（HAMA）等。评估时可依据实际情况选择要使用的量表，量表使用者需接受培训。此外，还需注意要对获取的评估资料进行严格保密，以免受访人信息泄露造成不必要的伤害。

心理危机干预的技术有很多种类，如心理急救，心理康复，稳定化技术，放松训练，愤怒、攻击和暴力行为处理，自杀危机干预，眼动脱敏与再加工，团体干预等。由专业人员根据个案具体情况，可采取一种或多种技术联合使用。

1. 心理急救技术。这是指对遭受危机而需要支援的人提供人道性质的支持，是采用确证有效的方法在各种危机发生后立即对遭受创伤者提供帮助。心理急救用来减少由创伤事件所引起的苦恼，并且促进个体近期和远期的适应性功能与应付能力。具体包括：在不侵扰的前提下，提供实际的关怀和支持；评估需求和关注；协助人们满足基本需求；聆听倾诉、但不强求交谈；安慰受助者，帮助他们感到平静；帮助受助者获得信息、服务和社会支持；保护受助者免受进一步的伤害。

2. 心理康复技术。这是一套有循证依据的、用以帮助新近受到危机影响的人心理康复的技术。心理康复技术并不是一个正式的心理治疗，它是一个中间的、立足于二级预防的模式，重点教会人们一些基本技能，对大多数人来说是足够的。如果心理康复技术不能有效缓解痛苦，就应该转介到强度更高的心理卫生干预。心理康复的核心技术包括采集信息、解决问题、促进正向活动、管理反应、促进有益思考。

3. 稳定化技术。这是在危机发生后，直接或间接事件接触者会因为创伤经历出现焦虑、惊恐发作、闪回、抑郁甚至是短暂的精神病性症状等状态，在这种情况下心理干预者要教会受助者学会与创伤感受和创伤回忆保持适当距离，增强自我功能，帮助受助者在内心创伤和积极体验中找到平衡点，达到身心稳定的状态。常用的稳定化技术分为安抚技术和分离技术。安抚技术可增加受助者的安全感或自我力量，包括安全岛技术和内在智者等；分离技术可使受助者保持与创伤经历的距离，包括保险箱、屏幕技术等。

二、检察机关参与被性侵未成年人心理危机干预的重要性和可行性分析

（一）对被性侵未成年人进行心理危机干预的重要性

1. 性侵未成年人犯罪一直处于高位，是侵害未成年人犯罪中占比最大的犯罪

中国少年儿童文化艺术基金会女童保护基金和北京众一公益基金会共同发布了《中国儿童防性侵十年观察（2013—2023）——“女童保护”民间视角》，自2013年至2021年，统计媒体公开报道性侵儿童案例2952件（其中，2013—2017年统计案例为14周岁以下儿童，2018年起为18周岁以下儿童），受害儿童超过5500人；受害人中男童与女童的比例大约是1∶9。受多种因素影响，媒体公开曝光的案例数量是有限的，仅是冰山一角，实际发生的性侵案件远远超过这些数据。2023年6月，最高人民检察院发布《未成年人检察工作白皮书（2022）》，经统计，2020年至2022年侵害未成年人犯罪案件总量有所下降，但性侵案件仍呈上升趋势。2022年，全国检察机关起诉强奸、猥亵儿童等性侵未成年人犯罪36957人，同比上升20.4%。2020年至2022年，性侵未成年人被告人占当年侵害未成年人被告人人数的比重分别为39.63%、45.99%、63.27%。广东省检察院2022年和2023年分别发布了《广东未成年人检察工作白皮书》，经统计，2021年广东检察机关起诉的猥亵、强奸和组织、强迫、引诱、容留、介绍卖淫等性侵类案件占同期起诉的侵害未成年人犯罪案件总数的63.34%，相较于2019年的40.60%、2020年的61.22%有所上升。2022年，广东检察机关起诉强奸、猥亵、强迫卖淫等性侵未成年人犯罪3952人，同比上升24.06%。性侵未成年人

案件逐年攀升，已经成为最主要的侵害未成年人犯罪的类型。以 G 省 J 市为例，近四年所办理的性侵未成年人案件占未成年被害人案件的 70% 以上。

2. 未成年人遭受性侵后容易造成重大的心理创伤

性侵害未成年人犯罪严重损害未成年人的身心健康，对被害人及其家人均造成重大危害，甚至影响被害人的一生。如 2020 年，一名不满 14 周岁的女孩被 48 岁的男网友多次强奸致怀孕堕胎后患上重度抑郁，从 11 楼坠亡。又如 2022 年，一名 13 周岁的女孩被“90 后”男子强奸后，身心受到极大伤害，患上抑郁、焦虑，需长期到医院治疗。这些并非个案，近年来对未成年人实施奸淫、猥亵、介绍、强迫未成年少女卖淫等性侵未成年人犯罪活动频频被媒体曝光。性侵未成年人是对未成年人权利的全面侵犯，威胁未成年人的人身安全，阻碍未成年人生理、心理和社会性各方面的发展，导致多种心理和精神上的伤害。全球 40 多年综合防治未成年人性侵犯的研究和实践表明，在不平等的权力关系中，当有权势的一方以性的方式操控、利用未成年人的身体来满足一己之需时，即使没有造成明显的身体损伤，未成年人也将受到不同程度的心理创伤，并影响未成年人人生发展的轨迹，甚至损害其成年后的身心健康。精神科医生、心理治疗师、心理咨询师及社会工作者，经常要处理未成年人被性侵相关的临床问题。例如，儿童少年期的焦虑障碍、强迫障碍、急性创伤反应、亲子关系问题，以及成年期的各种轻重程度不同的精神障碍，包括各种神经症障碍及分离性障碍、创伤后应激障碍、人格障碍、心身疾病，甚至精神病性障碍。性侵害除了对未成年人本身带来伤害外，其家庭也会受到很大压力。尤其在社会支持系统薄弱的社会，未成年人的医疗费用、心理创伤复原、生活恢复等，更使得未成年人及其家庭面临巨大的挑战。

3. 及时进行心理危机干预的重要性

遭受性侵犯的未成年人容易出现严重、持久、并发的精神病症，包括创伤后应激障碍、抑郁、焦虑、强迫症、性行为问题、自我伤害或自杀、身份解离障碍、边缘人格障碍、酗酒和精神活性物质依赖等。如果被害人不能及时得到干预治疗，这些病症会一直持续到成年后，从而严重影响其生活和发展。有些被害人如果得不到及时的心理干预，可能会产生被背叛、不信任他人，甚至报复社会的不当想法，有些甚至会在不良分子的引诱下从受害者演变为加害者，走上犯罪的道路。例如，在离异家庭中长大的陈某在未满14周岁时，被比她大6岁的“好朋友”强迫卖淫后，认为自己被家庭和社会抛弃，继而发展成伙同该“好朋友”介绍其他未成年人卖淫获利。另外，在未成年人遭受性侵的案件中，大部分都是熟人作案，据中国少年儿童文化艺术基金会女童保护基金和北京众一公益基金会共同发布的《“女童保护”2021年性侵儿童案例统计及儿童防性侵教育调查报告》显示，熟人作案的超过80%，这些加害者包括老师、邻居、亲戚、继父母甚至亲生父母。一般来说，与未成年人相比，加害者通常处于强势地位，很容易对未成年人形成心理压迫，再加上口头威胁或使用暴力，使被性侵的未成年人长期不敢揭发。这样一来，很容易让未成年人在更长时间内遭受后续的多次侵害，使得未成年人被性侵后的心理创伤得不到及时的治愈，心理、性格、价值观等发生不良变化，从而造成更大的危害，甚至影响其一生。如果心理问题经常长时间累积才进行就医，那么相关专业人士面对这些已经作为严重后果出现的临床问题，处理起来也是事倍功半，往往都是“亡羊补牢”，为时已晚。因此，及时向被性侵的未成年被害人提供心理救助，干预未成年人的心理活动，对于阻止其向反社会心理恶化或自残甚至自杀，都有着积极的意义。

（二）检察机关参与被性侵未成年人心理危机干预的可行性

1. 对被性侵未成年人进行心理危机干预有明确的法律依据

《未成年人保护法》第111条规定，“公安机关、人民检察院、人民法院应当与其他有关政府部门、人民团体、社会组织互相配合，对遭受性侵害或者暴力伤害的未成年被害人及其家庭实施必要的心理干预、经济救助、法律援助、转学安置等保护措施”；第116条规定，“国家鼓励和支持社会组织、社会工作者参与涉及未成年人案件中未成年人的心理干预、法律援助、社会调查、社会观护、教育矫治、社区矫正等工作”。最高人民检察院《关于全面加强未成年人国家司法救助工作的意见》明确规定，“对遭受性侵害、监护侵害以及其他身体伤害的，进行心理安抚和疏导；对出现心理创伤或者精神损害的，实施心理治疗”。最高人民检察院同时明确，“这些工作有条件的检察院可自行开展，条件不具备的，可以购买社会服务，或者争取相关社会公益机构支持”。

遭受性侵害的未成年人是被害人中的特殊群体，这个群体相当一部分不满14周岁，她们既遭受了身体摧残，更承受了精神上的伤害，理应获得更多关注，得到相应的关心与救助。因此，法律明确规定包括检察机关在内的国家机关及团体组织在打击此类犯罪的同时，也应不断探索如何给予被性侵未成年人更多的法律保护和全面救助，尽力减轻她们所遭受的伤害，使未成年人更好地重新融入社会。

2. 检察机关进行未成年人心理危机干预的成功个案

近年来，针对未成年人进行心理危机干预，部分地区的检察机关已经进行了积极探索，其中不乏成功的个案。

案例一：2018年7月至2022年7月，被告人李某长期多次对被害人小花（化名，案发时13周岁）实施猥亵、奸淫，并致被害人怀孕，案发时被害人已怀孕6周，后小花在医院接受人工流产手术。2022年11月，检察机关以强奸罪、猥亵儿童罪对李某提起公诉，法院判处李某有期徒刑16年。本案被害人除了身体受到伤害，还遭受了严重的精神创伤，案发后心理状态极不稳定，甚至出现轻生念头。在被害人母亲向公安机关报案后，检察机关第一时间提前介入，引导公安机关收集有力证据。检察机关还充分利用“心理疏导+支持起诉+司法救助”的工作模式，充分保障被害人的权益。该院联合民政、妇联等部门委托社工机构对被害人及时开展心理疏导和干预，最大程度安抚稳定其情绪。支持被害人向法院提起刑事附带民事诉讼，争取法院判处赔偿精神抚慰金等费用，为后续心理治疗争取相关资金。该院同时为被害人申请司法救助金10万余元，并联合民政、社区等部门为其申请落实低保家庭和廉租房，解决其生活上的困难。检察官、专业社工和妇联工作人员还组成跟踪帮教小组，采取一对一上门辅导、专业心理治疗和邀请参加集体公益活动相结合的方式，帮助被害人修复心理创伤。最终在连续三个月的专项心理干预和长达一年半的跟踪辅导后，被害人感受到社会力量的支持和温暖，终于走出心理阴影，经评估已恢复了心理健康，现已在检察机关和职能部门的帮助下重新复学，回归正常生活。

案例二：2018 年至 2019 年，三名在校学生被害人小仪、小汝、小李（均为化名，均为 13 周岁）长期被他人强迫卖淫。该案立案后，检察机关第一时间提前介入，聘请当地一精神病专门医院的医生对三名被害人进行心理评估。三名被害人均存在不同程度的心理问题，需要继续跟进处理。三人均有睡眠问题，其中两人更是存在中等自杀风险且不能正常上学。专业医生针对三人不同的情况分别采取药物、沙盘游戏、家庭治疗、团体辅导等方式进行治疗。家庭、学校配合协助对被害人后续的干预治疗。经过一段时间的治疗，三名学生的心理问题得以解决，并能正常上学。

三、对被性侵未成年人进行心理危机干预的现状和建议

（一）对被性侵未成年人进行心理危机干预的现状和不足

1. 被害人和法定代理人对性侵的危害和心理治疗的认识不足，不配合或者不积极进行心理干预，导致错过最佳的干预时机

在面对性侵以及性侵造成的心理创伤时，很多被害人及其法定代

理人采用“沉默”的方式对待。在很多个案中，被害人往往不想多谈性侵的细节，不想多谈自己的心理状况，对办案人员的提问，大多含糊其词，甚至不回答。有些被害人为了保护自己甚至还会否认自己的感受。而法定代理人担心反复提问会导致被害人勾起痛苦的经历而再次受到伤害，也不愿配合侦查。因此，性侵发生后，部分被害人及其法定代理人选择不报案。即使因其他人报案，侦查机关要求配合侦查取证，他们也是采取回避的方式或避重就轻的方式对待。这种消极的态度影响了办案人员对是否需要进行心理干预的判断。另外，有些被害人家属由于对心理问题的严重性不甚了解甚至出于“顾及面子”“保全名誉”等考虑，拒绝对被害人进行心理干预，导致耽误了心理治疗的最佳时机。如 S 省某地区检察院为例，该区近年来办理的 22 名被性侵未成年被害人中仅有 2 人进行了系统的心理疏导与干预，其他监护人均以各种理由拒绝司法机关提供的心理帮助。①

2. 司法机关对被性侵未成年人开展心理危机干预的数量不多

近年来，司法机关为贯彻落实刑事诉讼法中的“教育、感化、挽救”方针，对涉罪未成年人的社会调查和心理疏导都比较重视，落实得较好。但是对未成年被害人的心理疏导普遍不足，开展得较少，一般只针对一些特殊的或紧迫的个案被害人进行心理救治。以 G 省 G 市为例，在该市法院 2022 年一审审结的性侵未成年人案件中，通过随机抽样的方式选取了 117 件案件，其中有 86 件案件的被害人案发时不满 14 周岁，仅 6 件案件的被害人在刑事诉讼期间接受过心理评估、疏导，占比仅 5.13%。2018 年至 2022 年，G 市法院共审结 19 件近亲属性侵未成年人的案件，在共计 20 名被害人中，有 19 名被害人初次被侵害时未满 16 周岁，有 16 名被害人系被直系血亲侵害，有 16 名被害人遭受长期、多次侵害。在这些情节恶劣的案件中，

① 于泳、刘力萍、崔亦鹏：《未成年被害人关爱救助工作研究——以办理性侵害未成年人案件为视角》，载《未成年人检察》2023 年第 1 辑。

只有5名被害人在刑事诉讼期间接受过心理评估、疏导，占比仅25%。

3. 检察机关进行心理危机干预缺乏专业性和规范性

近几年，未成年人检察工作快速发展，很多地方的检察机关都设立了心理咨询功能室、特色讯（询）问室，强化未成年人心理疏导工作。虽然对心理危机干预方面进行了一些积极的探索，但并没有形成一个成熟可以借鉴的模式，还存在不少问题。一是检察官自身心理学方面的专业知识不足。办理未成年人案件的检察官虽然多为女性，对未成年人比较有爱心和耐心，但是基本上是学法律的，没有心理学方面的专业知识背景，有些虽然考取了心理学相关的资格证书，但是基本上没有接受过长期的系统专业培训，也不具备实际操作个案的能力。有些有心理学专业知识的干警由于轮岗原因调离未检部门，专业人员队伍不稳定。二是检察机关实施心理危机干预，没有形成统一的规范，多以个案干预为主，随机性强。目前还没有实现对全部被性侵未成年人进行心理评估。另外，如何分清轻重缓急区分案件处理没有具体的规划性。针对哪些案件进行简单心理疏导，哪些案件委托专业机构进行心理危机干预，哪些个案需要转介精神病院治疗，没有统一的分流标准和具体的操作规程。大部分的未成年人“一站式办案区”（针对被性侵未成年人设立的，集询问、身体检查、心理疏导于一体的办案区）只是进行取证和身体检查，并没有发挥好第一时间由心理专家介入心理疏导的作用。相当一部分的个案需要长时间的治疗和跟进，但是由于诉讼程序结束转入下一阶段，司法机关间没有做好衔接工作，导致被害人的治疗中断。三是缺乏经费保障。大部分地区的心理危机干预还没有纳入财政经费预算，缺乏专项经费保障，大多依靠社会力量的无偿支持。个别严重案件即使争取到少量办案经费支持，但也只能作短期干预，由于病情重、心理治疗时间漫长，家庭经济困难的，后续经费无法保证。

（二）对被性侵未成年人进行心理危机干预的建议

1. 面向全社会加大对性教育的宣传和普及，增强全民对防性侵和未成年人保护的意识

被性侵的未成年人中除在校学生，还有一部分是学龄前儿童、辍学的未成年人或智障儿童，相当一部分是来自外来务工家庭，有的分布在中心城区，有的分布在边远乡村。目前防性侵的宣传工作客观上存在地域受众不均衡的问题，中心城区及郊区的在校学生及家庭接受到更多的宣传教育，偏远地区、非在校学生及家长接受到的专门教育相对较少。我们国家应当加大预防性侵教育的普及面。除针对在校学生及家长进行宣传外，更应当针对非在校未成年人及其家长进行宣传。宣传的内容除了传统的如何加强自我保护防性侵外，还要加大宣传性侵对心理造成的危害以及及时进行干预的重要性上。性教育并不仅单纯是对性器官和生殖健康的认识，而是包括了性别平等、儿童权利、女性权利的教育内容；预防儿童性侵犯，不仅仅是对儿童进行性教育，而是面向全社会的所有受众进行保护儿童的预防教育，应当形成家庭、学校、社会、网络、政府、司法“六大保护”。另外，不仅要加强性教育，还要践行社会主义核心价值观，营造文明、和谐、自由、平等、尊重、关心的社会氛围。

2. 坚持最有利于未成年人的原则，从法律规定的层面进行细化，从经费上予以保障

鉴于现阶段对因遭受性侵害而导致精神创伤和心理问题的被害未成年人开展心理干预工作的主体责任单位、提起程序、人力、经费保障等方面均无明确、具体的规定，建议国家层面出台相关政策，明确不同办案阶段心理辅导与矫治介入的启动与衔接机制，明确相关单位的分工和具体职责，并给予经费上的保障。建议对侦查、检察、审判机关作出终局性处理案件的后续跟踪责任进一步作出明确规定，制定司法机关与教育、民政、妇联、社区、社会组织等的相

关衔接机制，开展同步帮扶的社会协同机制，为被害未成年人融入社会创造更为有利的条件。

3. 司法机关依法及时严惩性犯罪，对被害人的取证一次性完成，避免二次伤害

被害人被性侵后，如果公安机关能够第一时间抓到案犯，检察机关及时起诉，并由法院快速作出判处，对于被害人来说无疑是最大的精神抚慰。严厉打击性侵犯罪会让被害人感受到公平正义，感受到社会系统的支持，从而提升未成年人疗愈创伤的能力。同时，司法机关在办案过程中，对被害人的取证应争取一次性完成，避免二次伤害。被害人被性侵后，一般情况下都想尽快忘记痛苦的经历，重新开始新生活。如果司法机关针对性侵的过程和细节多次反复地对未成年人进行询问，只会让被害人反复地回忆被性侵的残忍画面，从而不断受到刺激，加重其心理负担，不利于其恢复。因此侦查机关在第一次对被害人进行询问前，应当做好详细的问话计划，检察机关应第一时间提前介入，对被害人的询问尽可能做到全面详尽，并做好同步录音录像。在未成年人被询问时，由其法定代理人陪同，并由心理咨询师在场协助。在诉讼的全过程，公安机关、检察机关、审判机关没有特殊的理由，尽量避免对未成年人进行再次询问。

4. 检察机关应打造一支专业性的队伍，规范心理危机干预的各方面流程

一是建立专业队伍。检察机关内部应建立一支稳定的具备基础心理学知识的未检检察官队伍，并且通过购买专业机构的心理危机干预服务，形成内生和外聘的双轨道团队。以 G 省 J 市为例，地级市检察院和 7 个县（区）检察院都设立了沙盘游戏室、情绪宣泄室、绘画治疗室、音乐放松室、团体心理辅导室等心理功能区域；全市有 20 名干警考取了国家三级心理咨询师资格，每年均进行心理业务培训；购买了当地心理卫生协会和社会组织的服务，聘请专业人士跟进特殊个案。检察人员具有基本的发现问题未成年人和区分病情的

能力，一般个案由具备心理咨询师资格的社工跟进，严重个案由医院派员跟进。

二是规范干预流程。检察机关应当在案件提前介入阶段第一时间接触被害人，一般在“一站式询问场所”就要启动心理疏导，通过心理评估后对被害人进行分级干预。如果心理评估正常，则无须进行干预；如果心理评估异常，则具体可以将被害人分为三级：一级为一般，二级为特定，三级为高危。“一般”等级的被害人在被害后有一些心理反应，但不影响正常的生活、学习，无明显的症状。这类干预可以由接受过系统心理培训的检察官来完成，主要采取定期谈话、家庭走访等方式，跟进关注被害人的情况以及进行心理辅导，如果出现不稳定的情况，再寻求更专业的处理。“特定”等级的被害人在被害后产生轻度的抑郁、焦虑，对生活、学习造成轻微影响。这类干预应交由有资质的心理咨询师跟进，具体采用沙盘、绘画、团体心理辅导等专门手段进行治疗。“高危”等级的被害人已出现严重的应激障碍，有明显的身体反应，出现失眠、头晕、食欲不振、胃部不适等现象，甚至出现自残、自杀等，有严重的抑郁、焦虑等症状。这类干预应转介专业的医院，由专门的医生通过药物、心理治疗等手段治疗。

三是短期干预与长期跟进相结合。危机干预所涉及的创伤事件发生的时间历程主要是涉及最早的应激处理，在于急救性的处理。随着时间的推移，过了急性期，危机干预慢慢被创伤治疗所取代。通常创伤治疗需要更多的时间。因此，检察机关针对被害人的心理危机干预应做好短期与长期的工作，为每一个被性侵的被害人建立长期心理档案。检察机关应主动做好与公安、法院的沟通衔接，使被害人的治疗不断档。此外，除了对被害人本人做好心理治疗，还要注重与其家长进行沟通，必要的时候可以进行家庭治疗，同时要争取学校的关心和支持，使被害人能够尽早康复，重新融入正常的生活和学习。

论未成年人考察帮教之检司协作

王亚平　惠雨晴*

一、考察帮教制度概述

考察帮教制度作为附条件不起诉制度的重要配套措施，切实贯彻了“教育、感化、挽救”方针，可以帮助未成年人树立正确的“三观”，能够起到稳定社会秩序、创建和谐社会的作用。

（一）我国考察帮教制度的内容

根据《刑事诉讼法》第283条规定，人民检察院应对附条件不起诉的未成年犯罪嫌疑人进行监督考察。被附条件不起诉的未成年犯罪嫌疑人应按照考察机关的要求接受矫治和教育。实践中这一规定被称为考察帮教制度，是践行“教育、感化、挽救”方针以及“教育为主、惩罚为辅”原则和帮助涉罪未成年人实现再社会化的重要制度①。

在我国，考察帮教的主体为检察机关，考察的对象为被附条件不起诉的未成年犯罪嫌疑人，即涉嫌刑法分则第四章、第五章、第六章规定的侵犯公民人身权利、财产权利或者妨害社会管理秩序犯罪，并且是依法可能被判处一年有期徒刑以下刑罚的未成年人。检察机

* 王亚平，山东省单县人民检察院第二检察部主任；惠雨晴，中南民族大学法学院学生。

① 陈伟、郑自飞：《未成年人附条件不起诉制度的问题检视与完善——以〈未成年人检察工作白皮书（2014—2019）统计数据为分析样本〉》，载《中国社会青年科学》2021年第2期。

关在综合评价涉案未成年人犯罪时采取的方法、实施的手段、犯罪性质以及犯罪原因等多个方面，对犯罪情节轻微且有悔罪主观意愿的未成年犯罪嫌疑人作出附条件不起诉的决定。被附条件不起诉的未成年犯罪嫌疑人只有通过检察机关在考验期内设置的各项内容的考核，才能不再承担刑事责任。否则，检察机关有权撤销附条件不起诉的决定，对该未成年犯罪嫌疑人提起公诉。

（二）我国考察帮教制度的实施

我国的考察帮教制度在实践操作中由两部分构成：首先，由检察机关对考察对象的现状进行评估和分析，确定矫治方向、具体矫治内容以及最终的矫治目标，形成一份考察实施方案。然后，由相关工作人员根据这份考察帮教方案实践具体内容，并根据考察结果决定是否确定对考察对象不起诉。因此，考察帮教实施的关键在于一份良好的考察帮教方案的制定。

目前，考察帮教具体方案的制定主要从以下两点出发：一是矫治点，主要包括认知偏差、行为偏差、不良人际关系管理、不良情绪管理和心理创伤这五大类。通过专业的心理引导和社区矫正工作人员帮扶，帮助未成年人处理好其在这五方面可能存在的问题。二是感化点，是指涉案未成年人对未来人生的发展规划，如升学、就业、能力培养等①。从上述两点出发，根据涉案未成年人的态度和具体案情制定个性化的精准帮教方案，帮助涉案未成年人建构正确的行为秩序，尽快回归社会。而针对第一点，考虑到家庭因素作为未成年人犯罪的重要原因，家庭教育指导被纳入考察帮教的范围，旨在通过专业人员的教导，帮助家庭掌握良好的教育理念，为未成年人打造温暖的成长空间。

---

① 张寒玉、王英、龚江：《精准帮教涉罪未成年人制度的发展——以宁波、深圳两地实践探索为基础》，载《检察日报》2020 年 10 月 15 日，第 7 版。

（三）我国考察帮教制度的意义

首先，考察帮教制度是贯彻“双重保护原则”的重要举措，既要保护未成年人的合法权益，又要保护公共秩序。结合我国对未成年人犯罪采取的“教育、感化、挽救”的方针，我国对未成年人犯罪绝不姑息、依法定刑，但同时对于情节轻微的未成年人坚持感化教育，通过行为矫治积极引导未成年人树立正确的“三观”，帮助未成年人获得美好的未来。考察帮教一方面加强对涉罪未成年人的法治教育，以较为温和的手段使其认识到自己行为造成的危害结果，促使其心生悔意、改过自新；另一方面则通过制定个性化的方案为未成年人提供切实可行的人生重启路径，帮助其尽快回归社会。

其次，考察帮教制度是帮助未成年人重塑自我的关键一步。适用附条件不起诉的涉罪未成年人主观恶性并不太大，其犯罪的原因往往是对社会规范认识不清晰。通过针对性教育和正确的引导，能够帮其树立正确的“三观”，与社会建立起有效的链接，使其认识到自己行为对他人、对社会、最终对自己带来的影响，使其增强对自己行为结果的认知，从而提高自我控制能力。如若对这些未成年人放任不管或者没有考虑其实际情况泛泛而治，将会导致其深陷错误的价值观无法自拔，最终葬送自己的未来。从这种意义上来讲，考察帮教给予了未成年人一次认识正确、走向正确的机会，使其得以摆脱既有的错误烙印，重新开始自己的人生。

最后，考察帮教制度是构建和谐美好社会的必要手段。未成年人犯罪数量的减少不仅有利于维持稳定的社会秩序，保证社会有序运行，而且能够为未来社会发展储备人才、创造希望。习近平总书记强调“国家的希望在青年，民族的未来在青年。”美好社会的构建离不开青年的奋斗与奉献，改过自新的未成年人将会作为新时代的主人为社会主义国家的建设和美好社会的维持贡献出自己的一份力量。

二、当前考察帮教实践的困境

虽然考察帮教制度目前在我国受到高度重视，且得到有效的贯彻实施，但是我国的考察帮教制度仍存在以下三方面的困境。

（一）适用附条件不起诉人数不断增加

当今社会经济的快速发展，未成年人犯罪仍呈现上升趋势且种类逐渐增多。虽然未成年人犯罪数量逐渐增多，但是相当一部分的犯罪情节并不严重，即很多未成年人犯罪的主观恶性和客观危害性并不严重，其犯罪的原因在很大程度上是一时误入歧途，具有较强的主观悔改意愿和较大的矫治可能性。为了贯彻“教育、感化、挽救”方针，针对犯罪事实清楚、可能判处 1 年有期徒刑以下刑罚、犯罪后真诚认罪悔罪的未成年人①，检察机关可对其适用附条件不起诉，并依法实施考察帮教。

2022 年，检察机关对未成年犯罪嫌疑人附条件不起诉 26161 人，附条件不起诉率达到 36.1%②。2023 年，检察机关对未成年犯罪嫌疑人适用附条件不起诉 31121 人，附条件不起诉率为 37.4%③。附条件不起诉的人数增加，与之相应的是检察机关面对愈加庞大的考察帮教对象所承担的压力也越发沉重。

（二）矫治专业化要求增强

随着社会关系的复杂以及相关知识的专业化，考察帮教工作相较于以往，其难度也在逐步攀升。

一方面，作为矫治对象的未成年人接触的世界更为复杂多变，其思想和行为也随之发生改变。而这些生于信息化网络时代的 Z 世代

① 参见《未成年人检察工作白皮书（2023）》。

② 参见《未成年人检察工作白皮书（2022）》。

③ 参见《未成年人检察工作白皮书（2023）》。

与矫治主体之间因成长环境的不同而存在的沟通障碍，使得这些微妙的变化很难被及时捕捉，从而增加了考察帮教工作的难度。同时，这些适用附条件不起诉的未成年人，因对社会秩序认同感的欠缺以及对自我认知的不清晰很容易被环境影响。故现实中，涉罪未成年人很难真正脱离原本的生活环境以及这些环境带来的影响，从而难以根除其再次犯罪的可能性。

另一方面，因当代未成年人行为、心理复杂性的提高，为了增强矫治实效，需要更加科学、精准的考察帮教方案。事实上，一份科学、精准的考察帮教方案离不开具备综合知识的专业人员或者虽未经过专业培训但深耕矫治工作多年、经验丰富的工作人员。同时，随着犯罪心理学、行为矫正学等专业领域的发展和深化，非专业人员很难一时理解相关方面的知识，并灵活运用于实践操作中。这对于以法学为专业的检察机关来说是一个不小的挑战。

（三）矫治资源设置不足

考察帮教面临的另一个难点在于，我国考察帮教工作仅由各地区检察机关的特定部门负责实施并监督。检察机关很难实现对每个附条件不起诉未成年人的精准考察帮教，无法及时观测每位未成年人的心理变化、制定个性化的帮教内容。但对于未成年人考察帮教来说，其效用大小与个性化程度成正比。考察帮教方案需因人而异，涉案未成年人回归社会的成功率愈大，同时其再犯罪概率也就愈小。

根据《刑事诉讼法》相关规定，监督考察的工作可以由检察机关委托给基层社会组织即村民委员会或居民委员会处理。但通过审视其实际效果可以发现，这种工作安排存在一定缺陷。该类基层组织对考察帮教多为书面考察，即要求未成年人定期提交书面报告。这种未实时追踪涉案未成年人行为、心理以及家庭状况的形式性考察，很难从实质上扭转未成年人错误的价值观念，无法彻底矫治其存在的问题，因而难以切断未成年人再次犯罪的可能性。

针对这种情况，有地区专于提升检察机关人员的帮教专业水平，以推动考察帮教工作高质效开展。如江苏苏州未检干警通过接受精准帮教体系培训精进考察帮教的能力，从而科学地矫治未成年人过错，帮助其回归社会。也有地区不断探索完善未成年人检察工作社会支持体系建设，储备大量可及时投身于考察帮教工作的、具有专业水平的社会志愿者。如浙江省永康市检察院与该市平安志愿者服务中心携手同行，为涉案未成年人制定个性化的考察帮教计划[①]。

但现实问题在于，我国能够为涉罪未成年人提供专业服务的司法社会工作尚处于碎片化探索阶段[②]，完备的社会矫治支持体系还未在全国范围内普遍形成。一些地区的考察帮教工作主要依靠检察机关和基层社会组织，矫治工作队伍结构单一，且短期内难以召集更多社会上的专业人员投身于未成年人考察帮教工作，形成可持续性辅助考察帮教工作的社会志愿者队伍。因此，要充分发现并利用既有的专业资源，促使其与检察机关协调配合，高效、妥善地处理考察帮教工作任务。

三、以检司协作方式突破既有困局

检视目前已有的考察帮教资源，可以发现司法行政机关内具有专业能力强的司法社区矫正工作人员队伍，且其与检察机关在工作上有着较大的可衔接性。倘若推动司法行政机关和检察机关加强针对考察帮教工作的联系，构建协同考察帮教小组，将极大提高考察实效，为未成年人提供更多改过自新的机会。

（一）司法行政机关具有专业资源

当前因青少年犯罪呈现区域化特点，不同地区各有其独特的社区

① 范跃红、卢笑晨、应玲玲：《浙江永康：多措并举做好附条件不起诉“后半篇文章”》，载《检察日报》2024 年 2 月 2 日，第 6 版。

② 牛凯：《少年司法社会工作的发展路径与前景展望》，载《人民法院报》2020 年 1 月 9 日，第 5 版。

矫正模式，目前“北京模式”较为常见。该模式下，司法社会工作被纳入司法管理体系之中，成为“体制内”的一部分[①]。而作为管理各地区社区矫正工作的司法行政机关，其一般通过与社区矫正工作人员组织合作或设置专门社区矫正机构的方式，建立起完备的司法社区矫正工作队伍。该队伍的成员通常经过系统且专业化的培训，对未成年人矫治工作熟稔于心。

以S省S县为例，为贯彻落实《社区矫正法》中对未成年人社区矫正的相关规定，该地区的司法行政机关以判处缓刑、假释、管制和暂予监外执行等刑罚的涉案未成年人为矫正对象，成立了专门的未成年人社区矫正保护中队，实现了对社区矫正对象分类管理和个别化矫正。该司法行政机关在加强对未成年人社区矫正对象监督管理的同时，注重保护未成年人社区矫正对象的信息，为未成年人回归社会、开始新生活提供必要的保护。在具体的工作中，该保护中队根据前期的社会调查增进对矫正对象的了解，从当事人实际情况出发制定个性化的矫正方案，同时为其确定矫正小组，负责之后矫正方案的落实工作。该保护中队曾在维持正常监管工作的前提下，根据《社区矫正法》第27条的规定，采用跨区域协助监管的方式，协助一位大学生在保持正常学业受教的情况下完成矫正工作，切实从矫正对象自身需求出发，实现个性化的矫正，展现出较强的矫正能力。

司法实践中，同样针对未成年人的矫治，与检察机关的考察帮教工作相比，司法行政机关的社区矫正因矫正对象的犯罪情节往往更为严重，面临更大的矫正难度，因此其在矫治工作中的专业素质需要更加过硬。其在社区矫治方面的专业能力以及丰富的工作经验如若能运用到附条件不起诉未成年人矫正中，将能极大地提高矫治效率，帮助矫正对象早日回归社会。

---

① 何明升：《司法社会工作概念的缺位及其补足》，载《法学论坛》2012年第2期。

（二）司法行政机关内的专业资源具有可衔接性

一般而言，对涉案未成年人的矫治通常分为两个层次。第一层次由检察机关主导，为附条件不起诉的未成年人设置一定的考核期，并在该考核期内对其进行考察帮教。另一层次则是由司法行政机关主导、特定社区工作者和社会志愿者之间协调配合，共同对经由法院审判且最终被判处缓刑等刑罚的涉案未成年人进行社区矫正。

从工作内容来看，这两个层次之间具有高度重合性。首先，二者的矫治对象相同，均为未成年人，只是在犯罪情节上有轻重之分。其次，二者具体的矫治内容具有相似性，即围绕未成年人的行为、心理、情绪展开，通过分析其存在的问题，利用相关专业知识针对性地解决现存问题，帮助未成年人塑造更好的自我。最后，从矫治效果来看，两者的工作基本涵盖了涉案未成年人矫治的全部工作，故其矫治效果直接影响未成年人重新犯罪的数量。而检察机关作为前端矫治主体，其工作效果直接影响后端司法行政机关矫治工作的任务量。如若在未成年人尚未酿成严重后果的附条件不起诉阶段，及时对其行为、心理等要素进行干预，帮助其树立正确的价值观，则可从源头切断其再次犯罪的可能性，从整体上减少未成年人的犯罪数量。

从工作人员构成看，两次矫治的主体分别为检察机关和司法行政机关。首先，二者同为未成年人保护和预防工作的主体，曾共同多次参与未成年人保护和矫治工作。司法行政机关常作为检察机关开展未成年人教育和矫治工作的联动部门，为其提供工作上的帮助。其次，二者同为法律职业共同体的重要组成部分。部门工作人员所受的教育和培训基本相同，彼此之间沟通良好，没有专业壁垒。而除去基本工作任务，其居于共同体之内所能接触到的政策、规定等信息基本是共享的，而这些讯息直接影响其在具体实际工作中的思维模式和工作方式。最后，其内部工作人员的选拔和考核存在相似性。这就决定了在实际工作过程中，两部门的具体工作人员在具体的工作安排上存在较强的交互性，能够协调配合、携手同行。

因此，将司法行政机关内的司法社区矫正工作人员引入考察帮教工作具有较强的可操作性。相关人员能够快速接手考察帮教的工作，延续检察机关精准帮扶的理念，推动考察帮教取得良好实效。

（三）检司协作具体路径分析

以S省S县为例，该区域内的检察机关和司法行政机关可以考虑以司法行政机关内设的未成年人社区矫正保护中队为媒介构建合作关系，设置专门的未成年人犯罪矫治小组，打造完整的涉案未成年人犯罪矫治路线——从对犯罪情节轻微的未成年人实施附条件不起诉的考察帮教到对经检察起诉判处刑罚后的未成年人实施的社区矫正，随未成年人犯罪情节的轻重递进，构建与之契合的由浅入深的矫治方式。最终实现对全区域未成年人犯罪情况的探查与分析，为进一步由“控”到“防”作好铺垫。

首先，司法行政机关内部可以未成年人社区矫正保护中队为源头由内向外进行辐射。一方面，可以设置机动小组，根据具体工作事务调配司法行政机关既有的社区矫正人员。在保证日常工作稳步推进的前提下，逐渐壮大保护中队的矫正工作人员规模。另一方面，可以联络已经退休的矫正工作人员，鼓励其作为志愿者重返矫正工作。通过退休的矫正工作人员对以往具体案例的分析和总结，拓宽司法矫正人员对未成年人矫正工作方法的选择路径，并通过比对前后不同时期矫正工作方式的不同，明晰当下矫正工作的重点，凝力突破难点和困难。

其次，关于该小组日常具体工作的分配和衔接。在具体的矫治过程中，可将辖区内所有附条件不起诉的未成年人根据正在考验期、经过考验期和未经过考验期进行区分。对于未经过考验期的未成年人，以司法行政机关为主导，以“预防严重犯罪”为目的，对其重点观察；对于经过考验期的未成年人定点回访，以检察院为主导，对其各阶段的心理状况、行为分析做好调查报告，时刻做好干预、矫治的准备。而对于正在考验期的未成年人，以检察院为主导，根据附条件不起诉未成年人的实际情况，决定需要开展哪些工作，由司法行政机关结合既往的工作经验对考察对象具体的犯罪情节进行评估，并借此分析其行为的趋向，最后参考检察机关的调查和观测情况制定相应的考察帮教方案。具体工作则可由检察机关工作人员和司法行政机关工作人员结合具体情况灵活安排。日常的工作则可通过网络小程序突破时空屏障，加强两机构人员之间的沟通，即由正在开展工作的机构向小程序上传当下具体工作进程，以便于后方机构及时了解、提前做好相应预案，提高整体的矫治效果。

最后，在工作之外还可以加强司法行政机关工作人员和检察机关人员之间的交流。一方面，可以创建由该小组各成员共编、共享的网页或数据库。其中可以设置专业知识分享、日常工作案例分析报告以及未成年人档案信息等栏目，并依照栏目分别添加相关内容以供参考。另一方面，该小组可以安排组员轮流去其他地区实际考察或者接受专业培训，加强组员之间的交流，吸收多地区的优秀经验，提高整体防治水平，这将有助于两部门深化理解未成年人矫治工作安排，了解涉罪未成年人矫治的前后过程，从而树立体系化的矫治思维，实现未成年人的连续性矫治。

总而言之，两部门共同构建小组的突出优点在于能够最大限度地整合既有未成年人矫治工作的所有人员，集中资源合力解决难题，发挥“1+1>2”的协同效应。同时，这种协作方式能够使两部门从不同阶段、不同视角去全面分析未成年人矫治工作中可能出现的问题，促使工作人员形成对未成年人矫治的动态考量，提前规避未来可能出现的问题，优化既有的工作模式，完善相关工作方案，打造良性循环的未成年人矫治生态圈。

四、结语

司法行政机关目前具有专业能力强且工作经验丰富的司法社区矫正工作人员队伍，可以通过与检察机构的联动合作，协同推动考察帮教的矫治工作，充分利用司法行政机关的矫治资源、为附条件不起诉涉案未成年人的考察帮教提供经验丰富且专业的人员，推动构建完整的未成年人防治路径，为从源头治理未成年人犯罪提供有益借鉴。

典型案例

关于印发《落实强制报告制度典型案例》的通知

高检发办字〔2024〕131号

各省、自治区、直辖市人民检察院、教育厅（教委）、公安厅（局）、民政厅（局）、卫生健康委、妇联，新疆生产建设兵团人民检察院、教育局、公安局、民政局、卫生健康委、妇联：

为深入学习贯彻党的二十大精神，认真落实习近平总书记关于妇女儿童工作的重要指示精神，进一步推动侵害未成年人案件强制报告制度落地落实，最高人民检察院、教育部、公安部、民政部、国家卫生健康委员会、中华全国妇女联合会组织选编了落实强制报告制度典型案例，现予印发，供工作中参考。

最高人民检察院
教育部
公安部
民政部
国家卫生健康委员会
中华全国妇女联合会
2024年5月10日

李某某强奸案

——住宿经营者及时报告，阻止侵害未成年人犯罪

一、基本案情

2022 年 10 月 19 日晚，李某某驾车至贵州省威宁县某乡镇时，路遇被害人赵某某（女，案发时 12 周岁）。李某某以送其回家为由将赵某某骗上车并载至偏僻小路，强行与其发生性关系。后李某某又将赵某某带至某宾馆，欲开房再次对其实施性侵害。该宾馆经营者樊某某在询问核对信息时发现赵某某神色异常，对李某某有抗拒、害怕反应，二人年龄差距大，身份关系可疑。樊某某将赵某某带进宾馆前台进行保护并立即报警。2023 年 2 月 10 日，威宁县人民检察院对李某某涉嫌强奸罪提起公诉。同年 4 月 10 日，法院依法判处李某某有期徒刑五年六个月。

二、主要做法

（一）细化、明确报告情形，压实住宿经营者报告责任

为有力推动强制报告制度落实，根据最高人民检察院关于对侵害未成年人案件强制报告制度落实情况逐案倒查的工作要求，威宁县人民检察院联合该县公安局开展了侵害未成年人案件反向审视工作。针对住宿经营场所易被利用实施性侵害未成年人犯罪的情况，威宁县人民检察院、公安局向县未保委做了专题报告。县未保委组织公安、文旅等部门对全县 2000 余名住宿经营者开展强制报告制度培训，详细讲解制度内容、报告途径、法律责任，并参照中央九部委《关于建立侵害未成年人案件强制报告制度的意见（试行）》（以下

简称《强制报告意见》）和公安部关于旅馆接待未成年人入住“五必须”规定要求，对住宿经营者发现哪些情况必须报告进一步细化明确，要求住宿经营者在接待非监护人陪同的未成年人入住时发现未成年人处于醉酒状态、神情紧张害怕等情形的应当立即报告。本案中，宾馆经营者樊某某即是按照上述要求及时报案使得被害未成年人得到及时保护，免遭再次侵害。

（二）建立奖惩激励机制，促进强制报告制度落实

为激发密切接触未成年人行业从业人员报告积极性，推动激励机制制度化，威宁县未保委出台《关于对履行强制报告制度职责人员的奖惩工作方案》。根据该方案，樊某某被奖励1000元。目前，该县已累计对12名履行强制报告人员给予奖励。同时，检察、公安等单位联合开展督促住宿经营者落实强制报告制度的“护苗”专项行动，督促落实“五必须”规定，责令600余家违法住宿经营者进行整改，行政处罚50余次，其中吊销许可证2家。2023年，该县住宿经营者报告侵害未成年人案件线索26件次，同比上升136%，当地发生在住宿经营场所的性侵害案件同比下降86%。

三、典型意义

目前，住宿经营者落实强制报告制度的情况总体趋好，一些经营者发现可疑情况及时报告，有效预防了侵害未成年人案件的发生。但也有一些经营者对何种情况下需要报告把握不准，不敢报告、不愿报告。为有效推动制度落实，各地可对照九部委《强制报告意见》和“五必须”规定，细化报告情形，通过培训宣传、奖惩激励等方式强化责任，充分调动强制报告主体履行义务的积极性和主动性。同时，住宿经营者也要严格落实未成年人住宿安全保护法律责任，提高安全责任意识，积极履行询问核实义务，敏锐发现可疑情况，将强制报告制度和“五必须”规定落到实处。

杨某甲虐待案

——教育工作者主动报告，多部门协力保护救助

一、基本案情

杨某甲在妻子离家出走后独自抚养女儿杨某乙（案发时 7 周岁）。2018 年至 2022 年，杨某甲因家庭琐事、学习教育等问题，长期采用掐拧、抽打等方式虐待杨某乙，致其双肘关节、右肱骨下段损伤。2022 年 3 月，杨某乙所在学校校长陈某某注意到杨某乙情绪异常，不爱参加体育活动，后经仔细观察，发现杨某乙手臂活动受限、颈部多处瘀青。陈某某向杨某乙了解情况后，得知体伤系杨某甲殴打所致且伤情严重，随即报案。2022 年 9 月 28 日，福建省龙岩市新罗区人民检察院对杨某甲涉嫌虐待罪提起公诉。2023 年 2 月 9 日，法院依法判处杨某甲有期徒刑二年三个月。

二、主要做法

（一）多部门协作配合，及时救助保护未成年被害人

本案中，杨某甲系杨某乙唯一监护人，杨某乙随杨某甲生活期间，杨某甲无固定收入，二人生活较为困难，杨某甲入狱服刑后，杨某乙处于事实无人抚养状态。为保证杨某乙得到妥善的安置保护，检察机关、民政部门、教育部门等会商研究后，对杨某乙开展了综合性的救助保护工作。一方面，针对杨某乙手臂康复问题，街道派员陪同杨某乙前往省级医疗机构就医，并制定治疗方案，治疗、交通等费用由司法救助予以保障。为杨某乙提供司法救助金 13 万元。另一方面，在杨某甲被羁押后，民政部门第一时间将杨某乙纳入事

实无人抚养儿童保障范围，并安置于区福利院临时照护，每月发放2100元生活补贴。同时，教育部门协调转学事宜，将杨某乙转入福利院附近学校就读。此外，检察机关与民政部门通过政府购买服务指派专业社工跟进杨某乙心理情况，定期开展心理评估和疏导工作。经过各部门协作配合，杨某乙得到妥善的监护照料，身心健康逐渐恢复。针对杨某甲教育理念偏差问题，新罗区人民检察院对其进行了针对性的家庭教育指导，杨某甲认识到原来教育方式的错误，提高了亲子沟通和家庭教育的能力。杨某甲服刑期满后，社区将继续跟踪、监督其监护行为。

（二）坚持“春蕾安全员”工作机制，强化主动排查、主动发现

为强化未成年人综合保护，福建省人民检察院、民政厅、妇联共同建立了“春蕾安全员”工作机制，构建各部门广泛参与的未成年人保护队伍，形成部门合力。龙岩市建立了“春蕾安全员”分级介入机制，组织“春蕾安全员”主动排查情况，及时开展介入处置工作。目前，已通过走访主动发现侵害未成年人线索43条，并对11起涉嫌侵害未成年人案件立案调查。

三、典型意义

保护遭受侵害和面临危险的未成年人，发现问题是重要的一步，但只是第一步。发现问题后有力有效地解决问题，使未成年人各项权益得到充分保障，才能使未成年人远离再次遭受侵害的风险，安全健康成长。本案为学校强制报告后，各部门协同发力，对未成年被害人进行有效、综合保护的典型案例。相关职能部门发现未成年人遭受家庭暴力伤害后，第一时间为其进行了医疗康复、临时安置、经济救助、教育帮扶、监护干预等工作，并建立了未成年人保护部门间协同配合机制。各地在落实强制报告制度过程中，不仅要重视

责任主体报告责任的落实，还应重视报告后的未成年人保护工作，使身处困难和危险当中的未成年人都能走出困境，远离危险。

姚某甲强奸案

——医务人员主动报告，助力惩治性侵害犯罪

一、基本案情

姚某甲与姚某乙（案发时14周岁，精神发育迟滞，无性防卫能力）系同村村民。2022年6月，姚某甲趁姚某乙家中无人照看之机，与其发生性关系。2023年1月，姚某乙家人发现其怀孕，怀疑系姚某甲所为，遂找到姚某甲对质。姚某甲承认其强奸姚某乙的事实并赔偿8万余元，姚某乙家人同意不再追究姚某甲责任。后姚某乙在家人陪同下到医院流产。接诊医生发现姚某乙低龄怀孕且智力发育不正常，有遭受性侵害的可能，随即按照强制报告制度要求报告。2023年3月22日，山东省乐陵市检察院对姚某甲涉嫌强奸罪提起公诉。同年5月18日，姚某甲因犯强奸罪被依法判处有期徒刑六年。

二、主要做法

（一）开发智能报告系统，便捷医务人员报告途径

强制报告制度实施过程中，一些医务人员因担心引发医患纠纷、过多占用时间精力等原因，发现可疑情况不愿报告、不敢报告。为打消医务人员顾虑，保障制度落实，2022年，乐陵市检察院、卫健局共同研发“强制报告智能报告系统”，将其嵌入医院诊疗系统。医生在诊疗时若发现未成年人存在怀孕、流产、身体多处损伤等疑似受侵害情况，可通过该系统将相关信息“一键推送”给检察、公安、

卫健部门。系统上线后，相关部门开展联合督导、专题培训，大力推动强制报告制度落实。本案中，医务人员就是在犯罪嫌疑人与被害人家属合意“私了”、不同意报案的情况下，通过“强制报告智能报告系统”依法履行报告义务。

（二）检、警、医协作配合，及时调取固定证据，有力惩治犯罪行为

本案案发后，公安机关在医务人员的协助下，及时提取胚胎组织，固定关键证据，检察机关及时介入，为指控犯罪打下了坚实基础。

（三）深入推进社会治理，有效保障残疾儿童受教育权

本案中，姚某乙因失学在家，给犯罪分子造成了可乘之机。针对案件暴露出的部分残疾儿童失学辍学问题，检察机关、教育部门、残联组织共同研发“适龄残疾未成年人受教育权法律监督模型”，通过对适龄残疾儿童名单与在校学生学籍名单进行比对，查找出没有入学就读的适龄残疾儿童，随后推动安置26名残疾儿童随班就读、1名残疾儿童进入特教学校就读、为10名残疾儿童送教上门。在此基础上，多部门共同出台《关于加强适龄残疾未成年人控辍保学实施办法》，制度化保障适龄残疾儿童受教育权。

三、典型意义

医疗场所是发现未成年人遭受侵害线索的重要途径和渠道，2023年检察机关提起公诉的侵害未成年人犯罪案件中1581件系经医务人员报告发现。本案是医务人员履行强制报告义务的典型案例。医生在被害人家属反对的情况下，坚持履行强制报告义务，并配合公安、司法机关及时提取、妥善保管生物检材等易灭失证据，对于及时揭露、有效惩治犯罪起到了关键作用。近年来，社会大众对强制报告

制度的理解和认同不断增强，但距离全社会普遍接纳、自觉遵守制度要求仍有差距。一些家庭在子女遭受侵害后不愿通过法律手段维护未成年人权益，更有一些监护侵害案件，家长极力隐瞒犯罪行为。强制报告义务为法定义务，其履行具有强制性，任何人不得阻碍义务履行。负有强制报告责任的人员和单位应牢固树立报告意识，严格落实制度要求。相关职能部门应加强长效机制建设，为制度落实提供充分的便利和保障。此外，各部门应加强对强制报告制度的宣传，提高社会公众的法治意识，促进形成知晓报告、理解报告、支持报告的良好氛围，努力减少报告主体在履行强制报告义务时可能面临的人为阻碍。

高某某虐待案

——制度落实责任到人，织密未成年人保护网

一、基本案情

杨某甲与刘某离婚后与高某某同居。因杨某甲常年在外务工，其女儿杨某乙（案发时 8 周岁）跟随高某某生活。2021 年 7 月至 2023 年 3 月，高某某多次殴打、虐待杨某乙，造成轻微伤。班主任董某某发现杨某乙行走不便，经仔细查看发现其腿部烫伤且全身多处陈旧性伤痕。董某某认为杨某乙可能遭受侵害，遂按强制报告要求，将该情况报告所在学校，学校立即报告至教育部门及乡政府，乡政法委员韩某某随即报案。2023 年 11 月 30 日，河南省濮阳市华龙区人民检察院对高某某涉嫌虐待罪提起公诉。2024 年 1 月 26 日，法院依法判处高某某有期徒刑一年六个月。

二、主要做法

（一）实化强制报告制度落实，数字赋能畅通报告途径

为有力推动强制报告制度落实，华龙区组建了由未成年人保护领导小组成员单位负责人、乡（办）政法委员为主体的强制报告联络员队伍。联络员负责协调相关工作，监督制度落实。同时，检察机关研发上线“强制报告 e 平台”，便于联络员进行线索报告、转介处置、保护救助等工作。本案中，乡政法委员韩某某即是通过“强制报告 e 平台”报告杨某乙疑似遭受侵害情况。线索经平台自动转介。各部门联络员看到平台信息后开展相应的保护工作。此外，为鼓励广大人民群众举报侵害未成年人犯罪线索，该区将 e 平台线索举报二维码张贴在酒店、KTV 等侵害未成年人案件高发场所和社区、学校等未成年人生活、学习区域，通过手机扫码即可随时举报相关问题。该平台运行两个月，已收到强制报告线索 90 余条，立案 4 件，联合帮扶救助 37 人次。

（二）依法履行法律监督职责，切实维护未成年人合法权益

本案案发后，杨某甲不愿追究高某某刑事责任，而杨某乙时年仅八岁，年幼无法行使告诉权利，检察机关认定该案属于法定“被害人没有告诉能力”的情形，应当按照公诉案件处理，建议公安机关以高某某涉嫌虐待罪立案侦查。2023 年 3 月 23 日，公安机关对该案立案侦查。案件办理期间，鉴于杨某甲长期在外务工，无法履行监护职责，经征求杨某乙本人及其生母刘某意见，办案机关指导杨某甲签署变更与刘某的离婚协议书，将杨某乙交由刘某抚养。目前，杨某乙已跟随刘某到外地居住，生活、学习恢复正常。

三、典型意义

强制报告的制度效果取决于落实力度。《中华人民共和国未成年人保护法》和九部委《关于建立侵害未成年人案件强制报告制度的意见（试行）》对强制报告制度要求进行了原则性规定，各地仍须结合地区实际，构建符合本地情况的具体落实机制。本案中，发案地区建立的强制报告联络员机制，就是一项务实举措，保证了制度落实过程中责任到人、工作衔接、信息共享。未成年人遭遇家庭暴力伤害后往往不敢、不知运用法律手段维护自身合法权益。教师等密切接触未成年人工作人员必须保持对未成年人异常情况的敏感性，及时发现报告未成年人疑似遭受侵害情况。对于家庭暴力行为构成虐待犯罪，未成年被害人没有能力告诉、无法告诉的，检察机关应当依法按照公诉案件办理。

四川某酒店履行报告责任案

——住宿经营者落实“五必须”规定　有效预防犯罪发生

一、基本案情

2023 年 4 月 6 日 21 时许，胡某（男，案发时 20 周岁）和未成年人王某某（女，案发时 13 周岁）到四川省凉山州雷波县某酒店办理入住，酒店工作人员依法询问未成年人监护人联系方式及同住二人关系，胡某称其与王某某系男女朋友关系，之后便借口还未吃饭带王某某快速离开，酒店工作人员立即将该可疑情况报告辖区公安机关。民警接报后立即展开工作，及时找到胡某、王某某二人。经核实，王某某当天约胡某打游戏，结束后时间较晚，胡某提出两人在外开房过夜。了解上述情况后，民警迅速联系到王某某监护人将其接回，并对胡某进行严肃批评教育。

二、主要做法

（一）统筹落实强制报告与“五必须”，切实推动报告责任落实到位

为压实报告主体责任，凉山州公安机关对辖区内所有宾馆进行全要素治安信息采集，逐一签订法律告知书、责任承诺书，定期开展拉网式排查，对发现未落实报告责任的及时发放风险提醒单。本案中，宾馆工作人员认真履行强制报告制度和“五必须”规定，在为胡某、王某某二人办理入住期间，发现王某某是未成年人后，详细询问其与同住人员身份关系，发现可疑情况及时向辖区公安机关报告，使未成年人脱离不法侵害风险。

（二）健全工作机制，源头防范治理

凉山州公安局建立“两查一曝”机制，每月组织各区县公安局对州内旅馆等住宿行业履行强制报告制度和“五必须”情况进行交叉检查、随机暗访检查，对发现的问题予以曝光。雷波县公安局、检察院定期召开联席会议，通报沟通相关情况，并在移送案件时一并移送强制报告责任落实情况核查材料。

三、典型意义

宾馆等住宿经营场所因其行业特殊性，易被利用实施性侵未成年人犯罪，住宿经营者严格履行强制报告义务、落实“五必须”规定及未成年人安全保护责任对预防和减少侵害未成年人案事件发生具有重要作用。住宿经营场所在接待未成年人入住时，必须逐一查验入住人员信息，并询问未成年人父母或其他监护人联系方式、入住

人员身份关系；发现有违法犯罪嫌疑的，应当立即向公安机关报告。有关部门要加强对旅馆等住宿经营者落实强制报告制度的监督检查，对于落实不力的要及时监督整改，对于屡教不改造成严重后果的依法从严处罚追责。

关于印发《在办理涉未成年人案件中全面开展家庭教育指导工作典型案例（第三批）》的通知

高检发办字〔2024〕162 号

各省、自治区、直辖市人民检察院、妇联、关工委，新疆生产建设兵团人民检察院、妇联、关工委：

为深入贯彻落实习近平新时代中国特色社会主义思想，加强未成年人犯罪预防和权益保护，促推未成年人家庭保护责任落实，最高人民检察院、中华全国妇女联合会、中国关工委组织选编了“郭某某遗弃案”等6件案例，作为在办理涉未成年人案件中全面开展家庭教育指导工作典型案例。现印发你们，供各地办案时参考借鉴。

最高人民检察院

中华全国妇女联合会

中国关心下一代工作委员会

2024 年 7 月 10 日

郭某某遗弃案

——部门联动解决监护困境，助推家庭教育责任落实

一、基本案情

2017 年 9 月，郭某某、田某某结婚并育有一女郭某彤，因田某某长期在外务工，郭某彤自出生后随父亲郭某某生活。2021 年 8 月，郭某某、田某某因感情破裂协议离婚，并约定郭某彤归郭某某抚养。同年 10 月 22 日，郭某某因生活拮据一时冲动将郭某彤（3 周岁）遗弃至某村委会，直接赴外地务工后无法联系。2022 年 8 月 23 日，郭某某因涉嫌遗弃罪被河南省洛阳市偃师区人民检察院提起公诉，后被判处有期徒刑十个月，缓刑一年。

二、做法与成效

（一）联合开展走访评估，找出监护问题症结

为了解郭某某犯罪成因，偃师区检察院到郭某某居住地进行调查，并对监护情况进行评估。经了解，郭某某无稳定职业，投资失败欠下债务，因离婚致心情抑郁，加之长期独自抚养郭某彤，在生活、心理的双重压力下产生逃避抚养义务，遗弃郭某彤，外出务工挣钱的想法。调查发现，案发前郭某彤与母亲感情疏离，与父亲有较好的亲子关系基础，案发后郭某某认罪悔罪，有继续抚养郭某彤的意愿。经与妇联、团委会商评估，该案具备通过家庭教育指导改变郭某某监护行为的可能，决定对郭某某启动家庭教育指导工作。

（二）协同发力接续帮助，督促监护责任落实

偃师区检察院与妇联、教体局、人社局等部门组建监护帮教小组，共同督促、帮助郭某某履行监护责任。一是矫正监护观念。偃师区检察院与公安机关对郭某某开展联合训诫，向其阐明监护方面存在的问题、应当履行的监护职责。邀请心理咨询师对其进行心理测评，了解其心理现状，制定情绪管理方案，提高情绪管理能力。通过训诫和疏导，郭某某认识到自身的问题，承诺将认真履行监护责任。二是提升监护能力。偃师区检察院针对因抚养郭某彤无法就业的问题。一方面，联系教体局将郭某彤送至离家较近的中心幼儿园就读；另一方面，协调人社局和行业协会对郭某某进行针织加工培训，帮其购置两台针织机器，建立家庭作坊，由行业协会定期提供订单、回购产品，保障郭某某及郭某彤生活来源。三是督促责任落实。偃师区检察院为郭某某制发《责令接受家庭教育指导令》，责令郭某某多关注孩子身心状况和情感需求，接受“幼儿期的心理发展”“加强亲子沟通”等家庭教育课程指导。同时，向郭某某居住地村委会发出《督促家庭教育指导函》，委托村妇联主席对郭某某监护履职情况开展日常监督，双管齐下确保郭某某依法履行监护责任。

（三）持续进行跟踪回访，落实教育指导效果

偃师区检察院建立“二查二评一跟进”家庭教育指导回访机制。“二查”即查郭某某家庭生活状况，通过上门谈话、走访邻里等方式，了解家庭收支、监护表现等情况；查郭某彤身体精神状态，聘请儿童督导员到郭某某家中，检查亲子互动课程完成进度，到郭某彤所在幼儿园查看其行为表现、情绪状况。“二评”即评估郭某某监护观念是否转变，监护能力是否提升；评估郭某彤心理阴影是否消除、身心状况是否改善。“一跟进”即跟进了解家庭教育指导效果。通过跟进回访郭某某已切实履行监护责任，亲子关系融洽，家庭教

育指导质效明显提升。

（四）机制阵地双向发力，规范家庭教育指导工作

偃师区检察院立足司法办案，深入落实家庭教育促进法，推动建立常态化工作机制。一是联合妇联、关工委、教体局等7家单位会签《关于在办理涉未成年人案件中开展家庭教育指导工作的实施意见》，建立“事前调查评估、事中全面指导、事后跟踪回访”工作制度。二是联合妇联、关工委、教体局等部门成立家庭教育指导中心，并依托该中心，在13个街道、乡镇设立家庭教育指导站，形成了多部门参与、全线贯通的涉案未成年人家庭教育指导工作模式。目前，已对78名监护人开展家庭教育指导，亲子关系全部得到改善。三是以案件办理为契机，洛阳市检察院联合市妇联、关工委会签《洛阳市涉案未成年人家庭教育指导全覆盖联动协作机制》，推动全市15个县区建立家庭教育指导中心，组建洛阳市家庭教育指导人才库，助力家庭教育指导工作向更深层次发展。

三、典型意义

家庭是人生的第一所学校，父母是人生的第一任老师。遗弃未成年人使其脱离家庭，会对未成年人身心造成伤害。检察机关办理该类案件时，不仅要依法对监护人作出刑事处罚，还要注重发掘案件背后反映出的家庭问题，因案施策予以帮助指导，推动监护责任落实。通过专业化、精细化、个性化的措施，重塑监护人监护理念，提升监护能力。同时，动态评估指导效果，协同相关部门建立“检察推动、部门联动、社会参与”的涉案未成年人家庭教育保护格局，确保家庭教育指导工作见成效、显实效。

马某某、丁某某盗窃案

——构建全链条、跨部门工作机制，实现家庭教育指导最优化

一、基本案情

2022年11月，马某某（女，16周岁）伙同丁某某（女，16周岁）在某酒店公寓房间内，盗走张某iPhone14Pro手机一部（价值人民币8722元）。后二人通过事先获知的密码，将张某手机支付宝内的1300元转至丁某某支付宝，并将手机销赃得款6750元。2023年2月，马某某在取保候审期间再次伙同他人以“拉车门”方式盗窃现金640元及鞋子一双。2023年2月23日，浙江省宁波市海曙区公安局将该案移送海曙区人民检察院审查起诉。鉴于犯罪嫌疑人丁某某犯罪情节轻微，到案后积极赔偿被害人损失，自愿认罪认罚，且系初犯偶犯，检察机关对其作出不起诉决定；对犯罪嫌疑人马某某以犯盗窃罪向法院提起公诉。同年3月20日，海曙区法院以盗窃罪判处马某某拘役四个月，缓刑六个月，并处罚金一千元。

二、做法与成效

（一）依托“中心+指导站”模式，全面调查监护状况

2022年3月，海曙区检察院在区委政法委领导支持下，联合11家单位印发了《关于共同构建海曙区涉案未成年人家庭教育指导中心的意见》，规定“中心”设置在海曙区检察院，公安各派出所均设置家庭教育指导站，实行“中心+指导站”的工作模式，检察机关统筹、协调、指导“中心”工作，各公安派出所“站点”具体负责开展家庭教育指导工作。该案经派出所“站点”反馈，由“中心”

指派司法社工及时介入开展涉罪未成年人监护状况评估。调查发现，马某某和丁某某的父亲均存在家暴行为，马某某因害怕父亲打骂抗拒回家也无心上学，后经常与不良朋辈在外打架、盗窃。丁某某父母离异，由父亲抚养，其自幼性格倔强，与老师争吵退学后离家跟随母亲和继父生活。马某某和丁某某结识后，因相似的家庭经历形影不离。司法社工将该调查结果反馈给“中心”，检察机关据此认为，挽救马某某和丁某某，不仅需要对本人进行有针对性的教育矫治，也需要对其父母进行有效的督促监护和家庭教育指导，同时“中心”将相关情况告知派出所“站点”。

（二）构建“全链条”贯通、跨部门协作工作机制，保障家庭教育指导效果

公检法司在侦查、审查起诉、审判和社区矫正等各阶段接续发力，将家庭教育指导有机融入司法办案全过程。第一阶段，公安机关针对马某某和丁某某父母监护缺位和管教方式不当等问题，下发《未成年人家庭监护告诫书》，并进行子女再犯罪预防教育以及监护职责教育；第二阶段，检察机关针对公安机关开展的家庭教育指导成效进行评估，并结合马某某和丁某某不同的家庭监护能力，由“办案人员 + 司法社工 + 妇联主席”开展家庭教育帮扶，通过为期三个月的跟踪指导，提升亲子沟通技巧和情绪管理能力、修复受损亲子关系。第三阶段，法院和司法局持续进行家庭功能测验，组建由关工委和司法干警组成的“未成年人观护团”，定期开展家访观察、心理疏导。通过三个阶段持续跟进的家庭教育指导，马某某和丁某某两个家庭亲子关系有了很大改善，父母情绪稳定，亲子沟通交流顺畅。目前，马某某和丁某某均已找到工作，生活步入正轨。

（三）及时总结经验，推动完善家庭教育工作体系

检察机关在个案办理过程中，及时总结工作经验，形成可复制、

可推广的工作机制。在办理案件基础上，制定出台《海曙区涉案未成年人家庭教育指导工作指引》，将全区17个公安派出所办理的未成年人各类案件全部纳入家庭教育指导工作范围，不断细化工作流程和事项，形成完整工作体系。同时，以政府购买心理咨询等社会服务，吸纳大学生志愿者、女律师妈妈志愿者、银发护苗工作室团队等形成治理合力。当前，相关社会组织正在有重点地强化城乡结合部小学高段家庭父母的监护意识和监护能力，截至目前，已开展相关活动60余次。

三、典型意义

未成年人家庭问题的显现和改善需要一个过程，司法机关应当联合相关社会组织在案件办理的各个阶段接续开展涉案未成年人家庭教育指导，构建“全链条”分类分层干预体系，提升指导帮助工作质效。通过司法机关和社会力量横向联动，集合专业优势，实现未成年人教育矫治与家庭环境改善相互促进，并通过个案的不断积累探索培育专业人才队伍，健全未成年人监护监督体系。

隋某某故意伤害案

——人大代表跟进督促监护，助力涉罪未成年人回归社会

一、基本案情

2020年4月29日，隋某某（男，17周岁，系高一学生）陪同父亲隋某甲就诊时因排队问题与两名被害人发生争执，殴打该二人致轻伤，后双方当事人和解。鉴于隋某某系未成年在校学生，具有自首、赔偿损失并取得被害人谅解等情节，2022年6月24日，山东

省东营市东营区人民检察院对隋某某作出附条件不起诉决定，考验期六个月。因隋某某在考验期内认真接受帮教，积极悔改向好，遵守法律法规，2022 年 12 月 24 日，检察机关对隋某某作出不起诉处理。人大代表积极链接各类社会资源，持续跟进对隋某某的精准帮教，深入参与对其父母的家庭教育指导工作。2023 年 9 月，隋某某顺利考入大学。

二、做法与成效

（一）人大代表参与监督办案，促推案件当事人矛盾化解

本案系隋某甲与他人言语不和冲动所致，隋某某为帮助父亲与对方发生厮打。在侦查阶段，隋某甲因鉴定程序等问题对被害人伤情多次提出异议申请重新鉴定，并因此拒绝赔偿被害人的医疗费用。检察机关受案后，邀请“春雨联盟”人大代表联络站的全国人大代表参与案件调解和释法说理工作。人大代表多次与隋某某及其父母谈心交流，隋某某和隋某甲真诚认罪悔罪，取得了被害人谅解。

（二）精准帮教 + 动态督促监护，助力涉罪未成年人顺利升学

因隋某某面临高考，检察机关制定精准帮教方案，通过每周线上联络、每月家访、心理疏导等方式，对隋某某学习情况和思想动态跟进指导。针对其家庭教育中存在的父亲独断、漠视亲子关系、母亲缺乏话语权、唯成绩论等问题，检察机关向隋某某父母制发“督促监护令”，委托家庭教育指导专家进行针对性指导，为隋某某营造和睦、温暖的家庭氛围。六个月考验期满，检察机关依法对隋某某宣告不起诉。隋某某当年高考失利后，检察机关联合人大代表、心理咨询师等组成帮教团队对其持续提供心理疏导、监护支持，隋某某于次年顺利考入大学。

（三）代表履职与未检工作良性互动，共筑未成年人家庭教育保护防线

在人大代表的积极推动下，检察机关、妇联会签《关于联合开展家庭教育指导工作的实施细则》，依托未检社会支持体系协同办公室，积极引入家庭教育指导师、心理咨询师等专业力量，为涉案未成年人提供心理疏导、家庭教育指导等服务。同时建立“1＋3”枢纽型家校社共育“家庭学堂”，以四级人大代表为纽带，将未成年人保护覆盖到社区、学校、家庭。

三、典型意义

针对未成年人犯罪暴露出的家庭教育问题，检察机关要制定有针对性的督促监护和家庭教育指导方案，并不断进行动态调整，有效提升督促帮教的实效。检察机关在履职过程中，可以充分发挥人大代表、政协委员的桥梁和纽带作用，牵动社会各方力量，促进多方联动，为督促监护工作提供专业帮助，助力涉罪未成年人回归社会。

文某甲抚养费纠纷支持起诉案

——守护未成年人民事权益，让离婚家庭监护不缺位

一、基本案情

2020年2月，文某与周某离婚，约定由父亲文某抚养女儿文某甲（6周岁）并承担全部抚养费。2022年初，文某因失业致经济窘迫，多次和周某协商变更抚养费承担方式未果。同年6月，文某甲向法院提起诉讼追索抚养费，经法院多次调解，周某以离婚协议已有约定为由

拒绝承担。经文某甲申请，四川省金堂县人民检察院决定支持起诉。为督促周某主动承担抚养义务，检察机关开展督促监护过程中多次释法说理，会同相关部门进行家庭教育指导，引导周某转变思想，促成双方自愿达成调解协议。周某自 2022 年 7 月每月向文某甲支付生活费，负担相应比例的教育、医疗费用并主动进行探视、陪伴。

二、做法与成效

（一）开展监护状况调查，为依法支持起诉提供帮助

为了解文某甲监护状况，检察机关围绕其生活环境、家庭情况等走访调查，协助收集文某甲抚养费追索理由是否具有正当性，周某是否具有负担能力等证据。经调查发现，文某因经济收入减少致使独立抚养女儿较为困难，且其忙于生计，对女儿关注较少，周某离婚后有稳定收入，但很少探视女儿。心理评估显示，文某甲自卑敏感、撒谎易怒、亲情淡漠，与其缺乏母亲关爱和教育、父母存在积怨矛盾等高度关联。检察机关审查认为，离婚协议的约定不妨碍文某甲在必要时向周某提出支付部分抚养费的合理要求。周某有能力却拒不履行抚养义务，文某甲诉求合理，遂依法支持起诉。

（二）督促监护促推和解，化解矛盾减少亲子隔阂

针对周某拒绝履行抚养义务、监护履职不到位的问题，检察机关依据《中华人民共和国未成年人保护法》《中华人民共和国预防未成年人犯罪法》有关规定向其制发“督促监护令”，告诫其仍负有对文某甲的抚养、教育、保护义务，阐明监护缺位对未成年人身心健康发展带来的影响和危害，责令其反思自身问题，对文某甲多加关爱、教导，依法履行抚养义务，按期支付抚养费。通过检察机关的释法说理和引导督促，周某逐渐转变态度并认识到其作为母亲的责任，自愿签署积极履行监护职责承诺书，并与文某甲就抚养费事项达成

调解协议，承担抚养费并负担相应比例的教育、医疗费用。

（三）社会支持凝聚合力，家庭教育助力修复关系

办案中，检察机关联合妇联、社工组织等力量，从调整沟通方式、改善家庭氛围等方面为周某、文某制定家庭教育指导课程。针对周某与其女儿沟通欠缺等情况，指导其增强沟通意识、培养沟通技巧，拉近母女距离。针对文某陪伴不足等问题，指导其重视女儿需求，增加亲子互动，向女儿传达亲情温暖。在后续回访中，周某已按时给付抚养费并定期探视，文某多有陪伴，目前家庭氛围、亲子关系良好。案后，四川省金堂县人民检察院积极落实省检察院、省妇联会签的《关于加强妇女儿童权益保护协作的十项举措》，牵头与当地妇联、民政等部门建立《未成年人权益保护家庭教育指导协作机制》，推动整合各方资源力量，从家庭教育层面做实儿童权益保障。

三、典型意义

检察机关在办理未成年子女追索抚养费案件中，应当充分重视改善未成年人成长环境、修复亲子关系、化解矛盾纠纷。检察机关通过调查评估找准监护存在的问题，个性化开展督促监护和家庭教育指导，帮助父母改变“不想管”“不愿管”的失职态度，既依法维护未成年人民事合法权益，又避免父母子女因“对簿公堂”增加隔阂、激化矛盾。

侯某被故意伤害案

——凝聚多方合力督促监护，避免未成年被害人“恶逆变”

一、基本案情

侯某（男，17 周岁）系中专学校在读学生。2023 年 1 月 7 日凌

晨，侯某在 KTV 内喝酒娱乐过程中，因醉酒走错包间，与郝某某发生争执，郝某某使用包间内的干果盘将侯某面部砸致轻伤。2023 年 6 月 14 日，天津市东丽区人民检察院依法对郝某某以故意伤害罪提起公诉。同年 3 月 20 日，法院以故意伤害罪判处郝某某有期徒刑八个月。

二、做法与成效

（一）依法履职，深挖案件背后的家庭原因

针对本案中反映出的部分 KTV 违规接纳未成年人进入问题，检察机关向主管部门依法制发检察建议，督促强化监督管理，并对侯某的家庭情况展开调查。经调查发现，侯某自幼父母离异，在侯某初中毕业未考上高中后，其母亲十分失望，动辄对侯某打骂，侯某感到家庭环境窒息，遂沉迷网络，结识社会不良人员，有时夜不归宿并出入酒吧、KTV 等娱乐场所。如不及时修复监护关系，侯某容易遭受侵害甚至走上违法犯罪道路。

（二）督促监护，“检察家庭教育课堂”助力修复亲子关系

针对案件背后映射出的家庭问题，检察机关向侯某母亲制发“督促监护令”，督促其依法履行监护职责，充分考虑未成年人的心理状态、情感需求，学习家庭教育知识，为未成年人营造和谐、健康的家庭环境。检察机关将侯某家庭纳入“检察家庭教育课堂”，定制心理辅导、线上帮助、亲子活动等多样化督促监护工作方案。经过为期三个月的跟踪督促，侯某母亲转变家庭教育观念，认真履行监护职责，亲子关系极大修复。侯某逐步摒弃不良行为、自觉净化社交圈，顺利完成中专学业并进入企业工作。

（三）多方合力，深度联动助推督促监护取得实效

为了帮助涉案未成年人的家长依法履行监护职责，提升家庭教育能力，检察机关会同妇联、教育等部门联合签署《关于建立东丽区涉“未”家庭教育指导工作站实施意见》，建立集心理疏导、跟踪矫治、家庭教育指导、控辍保学、就业扶助、亲子活动、社会公益活动等功能于一体的涉“未”家庭教育指导工作站，通过全流程“陪伴式”的教育指导，帮助多名涉案未成年人修复亲子关系，重建健康和谐的家庭环境。

三、典型意义

检察机关在办理侵害未成年人案件时要深度剖析未成年人遭受侵害与家庭监护问题的关联性，以“督促监护令”为抓手，依法履职，帮助父母或其他监护人认识到未依法履行监护职责给未成年人造成的严重不良影响。检察机关可以凝聚政府、学校、社会等多方力量，全流程帮助家庭提升监护能力，重建亲子关系，避免未成年被害人“恶逆变”。

李某贩卖毒品案

——全面调查评估+家庭教育指导，破解“共同事实抚养家庭”监护难题

一、基本案情

2020年9月25日，李某（女，17周岁）听从男友邢某安排，以中间人角色向栾某交易冰毒1克。因涉嫌贩卖毒品罪于2022年

9 月 10日被河南省鹿邑县公安局刑事拘留；因李某犯罪情节较轻，可能判处一年有期徒刑以下刑罚，具有悔罪表现，同年 12 月 30 日，鹿邑县人民检察院对其作出附条件不起诉决定，考验期为十个月。因李某的户籍地与实际居住地均位于郑州市中原区，为确保监督考察和帮教效果，鹿邑县人民检察院遂委托郑州市中原区人民检察院开展异地协作帮教。考验期满后，鹿邑县人民检察院于2023 年11 月10 日依法对李某作出不起诉决定。

二、做法与成效

（一）发挥“三测一谈”工作法，聚焦“多人管”变“无人管”，问题症结明晰化

中原区院针对涉案家庭情况评估探索“三测一谈”工作法：即测监护情况、测亲子关系、测家庭教育，明确监护干预重点，进行靶向发力。本案中，李某同时被 5 个家庭共同抚养。为查明李某的监护教育情况，检察官借助“三测一谈”工作法，组织李某及其 5 家共同抚养人开展家庭会谈。了解到李某父母早逝，且祖父母不能履行监护职责，遂由李家另外 5 兄弟共同照看。后李某得知自己身世，安全感和归属感严重缺失，结交身世经历类似的邢某并恋爱，同时产生逃课、文身、吸毒等不良行为。李某虽由多人抚养照看，但监管教育主体缺失，“养父母们”同时介入对李某的监督管理，相互之间边界感不明，李某时常处于混乱的监督教育环境中，看似“多人管”、实则“无人管”。

（二）全面调查落实监护主体，实现“无人管”到“有人管”，责任主体具体化

为解决李某面临的“无人管”难题，中原区院确立“三步走”工作思路：第一，实地走访，划定合适人选范围。中原区院联合区

民政局、区妇联、李某居住地居民委员会成立工作专班，通过实地查看、走访邻居等方式，对李家五兄弟逐户进行了解，发现李某平时与老二和老四两家关系更为亲密。因此，将老二和老四初步确定为适当人选范围。第二，全面评估，谨慎确立最优人选。工作专班从家庭环境、情感连接、经济条件等多个维度开展全面评估。经评估，李家老二是医院退休药剂师，妻子系公司会计，夫妻双方综合素质较高，家中经济条件较好，二人育有一女与李某姐妹情深，更适宜作为监护教育主体。第三，征求意愿，充分贯彻落实“最有利于未成年人原则”。检察官通过“走进秘密花园”的方式与李某进行谈心沟通，发现李某本人更想与“二爸爸二妈妈”生活在一起。工作专班在充分考虑李某实际情况和尊重个人意愿的基础上，通过组织召开家庭会议，指定由“李家老二”担任李某监护人，并向其送达《家庭教育指导令》，要求其接受为期三个月的家庭教育指导。

（三）精准指导助力家庭教育，力求“管得了”到“管得好”，帮扶成效可视化

中原区院针对李某与“二爸爸二妈妈”存在的相互误解、归属感缺失、家庭教育方式不当等问题，从三点发力解决：一是消除双方误解，增进彼此互信。李某性格内向自卑，“二妈妈”无心的话语刺激到了李某，导致其出现愤怒情绪。对此，检察官与司法社工向“二爸爸二妈妈”释明被事实抚养子女的心理特点及情感需求，引导其多给予正向关心。通过心理干预，向李某讲明“二爸爸二妈妈”真实初衷和苦心，引导其正确看待。二是开展精准指导，助力科学教育。“二爸爸二妈妈”对李某看管较为严格，李某逆反心理严重，“二爸爸”遂对其进行打骂教育。对此，通过亲职教育和家庭教育指导课程帮助“二爸爸”学习亲子沟通技巧，掌握科学教养方式。同时，依托妇联举办的亲子活动和家庭公益慈善活动，重建和谐亲子

关系。三是及时跟进评估，动态调整指导周期。检察官联合司法社工进行家庭教育指导效果评估，发现李某存在进出酒吧、麻将室等不良场所行为，“二爸爸二妈妈”难以进行有效管教，中原区院立即调整家庭教育指导周期，由原办案检察官对李某进行严肃训诫教育，李某此后未再出现类似情况。在经过近 30 次的个案辅导和心理干预以及 10 余次的家庭教育指导后，李某的家庭环境和亲子关系明显改善，李某顺利从中专学校毕业，获得实习机会，并继续进行大专学习。

（四）联动协作完善机制，提升家庭教育指导实效

中原区院结合办案经验，探索形成了“1 + 2 + 1 家庭教育指导工作体系”，即“1 个工作站”“2 个机制”“1 个矩阵”。“1 个工作站”即依托“耘心”未成年人综合保护中心，联合妇联、关工委挂牌成立“家庭教育指导站”，吸纳心理咨询师、家庭教育指导师、社区儿童主任、司法社工、学校老师等社会力量组建“家庭教育指导专家小组”，为家庭教育指导工作提供专业支持。“2 个机制”其一是“检察官 + 司法社工 + N”家庭教育指导多方协作机制。中原区院联合妇联、关工委会签《关于协作开展涉案未成年人家庭教育指导工作的实施方案》，对家庭教育指导工作进行规范。二是效果动态评估机制。由司法社工按照每月“一次亲子活动、一次课堂学习、一份监护报告”进行效果评估，根据评估效果适时调整家庭教育指导周期，确保指导精准性。“1 个矩阵”即立体式宣讲矩阵。线下依托“耘心”未成年人综合保护中心，结合“牵手计划”，开展主题宣讲；线上针对不同家庭教育问题，利用“中原区未检关爱在线”公众号，推送《教子有法》系列公开课，通过青少年维权岗热线电话、微信公众号留言版块等，提供家庭教育咨询服务。

三、典型意义

每个涉罪未成年人背后都有不可忽视的家庭原因，检察机关在办理案件中，对家庭监护及家庭教育状况应精准发现问题、详尽调查、全面评估，并提供“个性化”指导。对于类似本案的特殊和复杂家庭，要坚持最有利于未成年人原则，聚焦问题症结，明确监护主体，“刚柔并济”督促履行职责。同时充分争取社会支持，善于链接专业力量，积极探索建立“本土化”工作机制，以司法保护引导社会各方助力家庭保护。

惩教结合，助力罪错未成年人重启青春

——赵某某盗窃相对不起诉案

颜国军　王丽鹤　刘一林*

一、基本案情

被不起诉人赵某某，男，作案时17周岁，系高中学生。

2023年1月30日17时许，被不起诉人赵某某到沈阳市皇姑区某手机店闲逛，趁四周无人之机，将货架上的一个耳机盗走；2023年2月5日11时许，被不起诉人赵某某再次来到该手机店，将货架上的三块电子手表盗走，经价格评估，4件商品的市场总价值为人民币3246元。2023年10月8日，沈阳市公安局皇姑分局将该案移送检察机关审查起诉，同年11月3日，沈阳市皇姑区人民检察院对赵某某作出相对不起诉决定。

二、检察机关履职过程

（一）深入社会调查，精准评估犯罪行为

案件移送检察机关审查起诉后，为充分了解赵某某犯罪原因，检

* 颜国军，辽宁省沈阳市皇姑区人民检察院常组书记、代检察长、二级高级检察官；王丽鹤，辽宁省沈阳市皇姑区人民检察院未成年人检察办公室主任、四级高级检察官；刘一林，辽宁省沈阳市皇姑区人民检察院未成年人检察办公室检察官助理。

察机关联合司法社工走访被不起诉人所在社区、学校了解情况；在征得被不起诉人赵某某及其母亲同意后对赵某某进行心理测评，从而制作全面详细的社会调查报告。检察机关了解到，被不起诉人赵某某系辖区某高中高二在读学生，不善言辞，但待人友善有礼貌，和老师同学关系融洽；虽然学习成绩一般，但目标坚定，勤奋刻苦，且一直想成为医生救治更多病人避免他们和自己家一样因病致贫。此次盗窃是为了在短时间内凑齐上网课所需的必要设备才行差踏错。综合本案证据材料以及赵某某实际情况，检察机关评估认为，赵某某犯罪后主动投案自首，犯罪情节较轻，主观恶意不大，认罪态度良好且积极赔偿被害人损失，获得了被害人谅解，具备帮教条件，遂秉承宽严相济的理念，决定对赵某某作出相对不起诉。

（二）专业家庭指导，锚定亲子关系矫治点

被不起诉人赵某某父亲去世，母亲没有固定工作，且姥爷病重，为维持家庭生计其母亲长期奔波于医院和各零工点之间，平时与赵某某交流较少，对赵某某的学习生活情况和思想动态了解掌握不够，母子关系已经出现裂痕，且被不起诉人赵某某出现的盗窃行为也没有被发现并加以干预，间接导致赵某某犯罪行为加剧。为防止赵某某再次犯罪，检察机关决定对其母亲进行有效的监护督促和专业的家庭教育指导，借助妇联老师的专业力量给“不合格”家长补课，帮助赵某某母亲认识充分陪伴的重要性，逐步恢复受损的亲子关系。针对赵某某母亲没有一技之长，需要在各个零工点之间奔波养家这一情况，检察机关帮助她联系相关部门接受职业技能培训，寻求相对安稳的工作，经过培训赵某某母亲顺利与某家政公司签订劳动合同，通过对赵某某母亲进行“双重指导”，既帮助赵某某母亲解决了工作难题，又确保了其能有效配合检察机关帮教工作，让赵某某在知法悔过的同时，重温亲情收获自新力量。

（三）持续精准帮扶，犯罪记录封存助力圆梦

面对作出相对不起诉的赵某某，检察机关没有一放了之，而是第一时间将犯罪记录封存通知书送达公安机关，公检携手做好本案中各项强制措施、工作记录的封存，确保赵某某的高考资格不受影响，保证赵某某的受教育权。针对赵某某情况构建帮教小组制定详细全面的帮教计划。为避免赵某某因本案出现失学情况，检察机关与辖区教育局、赵某某所在院校进行沟通，将赵某某班主任纳入帮教小组中，令赵某某无障碍回到学校。但回到学校后赵某某出现厌学、情绪低落等情况，检察机关得知后第一时间联系妇联提供专业的心理咨询师，让其放下心理包袱，重新启航。为助力赵某某实现医生梦，检察机关联络辖区关工委组织具有医疗经验的“五老”志愿者利用周末时间带赵某某参加义诊活动，聆听救死扶伤故事，使其在转变精神风貌的同时掌握基本医学常识。帮扶计划有序开展，赵某某改正了之前的不良习惯，变得更加开朗乐观，圆梦的步伐也更加坚定。赵某某已于 2024 年 8 月 1 日收到某医学院的录取通知书。

（四）整合各方力量，筑牢未成年人保护防波堤

本案中，赵某某的犯罪行为与他自身法律意识单薄以及家庭监护不当脱不开关系，检察机关以此案为抓手梳理既往办理的案件，发现涉案未成年人大多也具备上述情况，尤其是来自职业技术学院、外来务工子弟学校的未成年人。据此，检察机关立刻行动，以“一号检察建议”为牵引，联合教辖区教育局、团委走进职业技术学院、外来务工子弟中小学，为在校师生开展定制式的不同主题的普法宣传教育，并分发法治宣传手册，提高未成年人法治意识和自护意识，打通未成年人保护“最后一公里”；依托《家庭教育法》的贯彻实施，联合民政、妇联走进社区，宣传家庭教育在未成年人成长中的重要作用，引导家长重视家庭教育、改变教育形式、依法带娃。同

时在隐去关键信息、个人隐私后将本案改编成检察小故事，通过以案释法将纸面上的法、案件中的法转变为未成年人心中的法，引导他们崇敬法、信仰法；通过讲好检察故事，彰显检察温度，提高检察认同感，让更多社会力量关注未成年人成长。

三、典型意义

“预防就是保护，惩治也是挽救。”检察机关面对涉罪未成年人，应当做好社会调查，明确其生活环境、监护状况、性格特点等情况，准确分析犯罪原因，并根据涉罪未成年人悔罪表现准确认定犯罪行为所带来的社会危险性和再犯可能性，采取分级处置措施，对初犯、偶犯和认罪悔罪态度良好的轻罪未成年人可以作出相对不起诉，并对符合犯罪记录封存条件的严格予以封存，让曾经“选错”的未成年人得以重新选择。

案结不意味着事了，要做好未成年人保护“后半篇文章”。检察机关应当做好家庭教育指导和帮扶工作，联合教育行政等部门，整合社会爱心力量，一对一开展家庭教育指导，并为涉罪未成年人量身打造帮扶计划，同时针对实施情况予以动态调整，传递检察机关和社会各界的温度、温情和温暖，实现涉罪未成年人行为转变、思维重塑，努力减少社会对立面，促进涉罪未成年人平稳回归社会。

检察机关要严格依法履行法律监督职责，织密未成年人法治保护网，坚持“民有呼、我有应”，敏锐发现案件背后隐藏的社会问题，积极贡献检察智慧推动社会治理；同时应当坚持“谁执法、谁普法”，把普法教育贯穿检察履职全过程，以精准法治宣传为抓手，全方位呵护青少年健康成长。

依法综合履职，共解残疾未成年人权益保护难题

何玉洁　邓　可　吴隆嫣*

一、基本案情

杨某某，男，作案时76周岁。

2022年2月至6月，被告人杨某某在明知被害人吴某某系未满14周岁幼女、且智力低下的情况下，趁吴某某到其位于黎平县顺化乡某村家中玩耍时，多次对吴某某实施奸淫。

2023年2月6日，黎平县公安局以杨某某涉嫌猥亵儿童罪移送检察机关审查起诉。黎平县检察院经审查认为杨某某的行为构成强奸罪，于同年8月29日以杨某某涉嫌强奸罪提起公诉。2024年3月13日，黎平县法院以杨某某犯强奸罪，判处其有期徒刑7年。

二、检察机关履职过程

（一）自行补充侦查，精准打击侵害未成年人犯罪

侦查机关以杨某某涉嫌猥亵儿童罪移送审查起诉后，承办检察官发现本案可能涉嫌强奸罪，但被告人拒不供认，且被害人系三级智力残疾儿童，其陈述的完整性较差。为此，黎平县检察院由具有特

---

* 何玉洁，贵州省黔东南州人民检察院第八检察部主任、四级高级检察官；邓可，贵州省黔东南州人民检察院第八检察部副主任、二级检察官；吴隆嫣，贵州省黎平县人民检察院未成年人检察办公室负责人、二级检察官。

殊教育资质和经验丰富的检察官办理此案，深入被害人所在乡镇、村寨自行补充侦查，与被害人面对面交流、走访村干、邻居等了解被害人实际情况。通过全面梳理案件证据，检察机关认为被害人虽系三级智力残疾，但能够简单描述自己被侵犯的情况，从其描述发生的侵害过程及其所见到的犯罪嫌疑人下体等细节来看，被害人陈述客观、合理，具有较强证明力。最终，检察机关以杨某某涉嫌强奸罪提起公诉，法院以强奸罪判处杨某某有期徒刑7年。

（二）深入走访调查，为残疾未成年人提供多元帮扶

办案中发现，被害人与父亲相依为命，系国家精准扶贫户，其父亲因需要照料被害人无法外出务工，家庭生活困难。被害人因智力障碍，虽被学校纳入“送教上门”对象，但每年实际只有1—2次，11岁了仍是文盲。县检察院认为吴某某符合司法救助条件，依法向被害人家庭发放司法救助金8000元；协调县教科局对被害人给予每学期生活补助费用500元，制定送教上门方案，安排专人落实，并明确每月至少送教上门2次。同时，联系残联对被害人残疾等次再次进行评定，为其争取残疾补助，对接民政部门，帮助其获得专项补助。妇联、残联等部门开展“一对一关爱”“点对点帮扶”等活动，合力帮助吴某某家庭解决学习、生活困难。

（三）构建大数据法律监督模型，合力保障残疾未成年人合法权益

以办理该案为契机，黎平县检察院针对县域内残疾未成年人保护现状开展调研，发现残疾未成年人在受教育权，医疗保险、康复治疗等保障政策落实等方面均存在问题。对此，黎平县检察院研发残疾未成年人权益保障大数据法律监督模型，通过调取残联、教育、民政、医保等部门数据，精准发现残疾未成年人应受教育而未受教育线索10余条，发现低保家庭儿童、重度残疾儿童参加城乡基本医

疗保险的个人缴费部分未给予补贴线索 40 余条。针对发现的问题，黎平县检察院立案调查后，向相关单位制发行政公益诉讼诉前检察建议 2 份，要求教育行政部门与残联加强沟通联系，精准掌握辖区内残疾未成年人入学情况，督促医疗行政部门全面筛查未成年人医疗保障线索，确保未成年人医疗保障政策落地落实。同时，针对发现的残联对康复机构未尽监管职责等问题制发综合治理类检察建议，推动辖区内 4 家康复机构全面进行整改。目前，该模型在全州检察机关进行推广应用，共立案行政公益诉讼案件 11 件，发布防性侵、防欺凌等手语法治宣传课程 4 期。

（四）形成长效机制，实现检察监督与政府保护有效衔接

黎平县检察院将相关情况向当地党委政府做了专项报告，推动县政府下发《黎平县残疾未成年人权益保障实施方案》，形成各部门数据共享、线索移送等长效机制。同时，黔东南州检察院与州残联共同会签《共同保障残疾未成年人合法权益的工作意见》，从教育、医疗、康复、司法救助、法治教育等方面加强协作，通过“检察 + 行政”，全面维护残疾未成年人合法权益。

三、典型意义

（一）依法履职，破解残疾未成年人保障政策落地难题

残疾未成年人是未成年人中的特殊弱势群体，国家在教育、医疗、康复等方面为其提供了多项保障政策，但由于信息不全、衔接不畅等原因，导致一些政策未能得到落实。检察机关依法履职，充分发挥未成年人检察业务集中统一办理的优势，针对办案中发现的残疾未成年人权益受损问题，开展专项调研，综合运用公益诉讼、社会治理类检察建议等职能，促进行政机关主动依法履职，以点带面，有效破解残疾未成年人保障政策落地落实难问题，共同推进

“六大保护”走深走实。

（二）数据赋能法律监督，助推残疾未成年人权益保护提质增效

相较于传统的“一案一监督”模式，本案基于残疾未成年人权益保障需求，充分挖掘和利用相关数据，延伸构建大数据法律监督模型，经不同类型的数据进行比对和碰撞，精准发现残疾未成年人权益保障监督线索，促进同类型案件的高效治理，探索出一条从“个案办理”到“类案监督”的检察监督科技路。

（三）借助社会支持体系，凝聚未成年人综合保护合力

检察机关通过邀请特邀检察官办案、司法救助、社会救助等多元手段，促进“检察+行政”有效衔接，形成未成年人综合保护长效机制，推动解决残疾未成年人面临的生活、学习、成长等问题，打通残疾未成年人保护的“最后一公里”，提升残疾未成年人综合保护效能。

融合履职，守护未成年人成长
以点扩面，构建多元保护体系

蔡 挺 郑 静*

一、基本案情

被告人胡某，男，作案时58周岁，系无业人员。

被害人陈某碧、陈某婧、陈某婉、陈某宜，均系不满12周岁的农村留守儿童、在校小学生。

2020年3月至2021年5月，被告人胡某居住在湛江市霞山区某城郊村一出租屋，其明知被害人陈某碧、陈某婧、陈某婉、陈某宜系未满12周岁的女童，通过给予5元至50元不等的零花钱，骗取被害人信任后实施猥亵。

2021年10月9日，湛江市霞山区人民检察院以猥亵儿童罪对胡某提起公诉。

* 蔡挺，广东省湛江市霞山区人民检察院综合业务部负责人、未成年人检察办公室负责人；郑静，广东省湛江市霞山区人民检察院第四检察部主任。

二、检察机关履职过程

（一）依法履职落实未成年人司法保护

承办检察官在案件提请批准逮捕前提前介入，经过查阅卷宗了解案情，发现胡某归案后一直“零口供”，直至报警已距离案发有数月时间，现场无法查获相关物证。由于不愿被父母知道自己是因贪图零花钱而前往胡某住处最后遭受性侵害，加上性羞耻心理带来的精神压力，多数被害人讲述被侵害过程含糊其辞、笔录前后矛盾，对案件事实认定造成一定干扰。

为精准定罪量刑，霞山区检察院积极与霞山区教育局沟通协调，安排有心理咨询师资格的在职教师组成专业团队对所有被害人开展心理危机干预，针对她们因案件产生的自责自卑情绪进行有效疏导。霞山区检察院又与被害人所读学校取得联系，安排班主任对被害人的近况以及心理、行为表现进行跟踪观察并及时反馈。经过多方努力，被害人负面情绪得到缓解。霞山区检察院对犯罪嫌疑人决定批准逮捕的同时，积极引导公安机关在避免对被害人造成二次伤害的原则下，在征得被害人家长同意后，安排班主任、女工作人员等合适到场人陪同被害人进行补充询问，确保证据调取程序的合法性。放下心理负担的被害人不仅清晰讲述案发经过，更以证人身份讲述其目睹其他被害人的受害过程。

得益于上述工作的有序开展，被害人陈述与证人证言相互印证，询问笔录内容与描述方式符合未成年人认知水平、表达能力，且排除诬告陷害等各种合理怀疑。案件证据经重新侦查后已形成清晰完整、结论唯一的证明体系，得出客观、全面、准确的定罪结论，有效反驳了被告人、辩护人的辩解意见，获得主审法官以及合议庭的认同。

2021 年 11 月 9 日，湛江市霞山区人民法院以猥亵儿童罪判处胡某有期徒刑 7 年。胡某提出上诉，湛江市中级人民法院于 2022 年 1 月

25日裁定维持原判，一审判决生效。

（二）力促家庭保护、学校保护见成效

在办理该案过程中，检察官发现遭受生理、心理伤害的被害人陈某碧面临生活困难、厌学逃课等情况，亟须启动帮扶救助程序，让她尽早回归正常的生活和学习状态。

一是两级检察机关联合救助，为被害人解决家庭危机。经了解，陈某碧平时与父亲陈某明、奶奶许某一起生活，陈某明酗酒后患上精神病，生活不能自理，奶奶许某年老体迈且疾病缠身，一家三口靠亲友接济勉强度日。陈某碧正处于事实无人照顾的状态，应立即启动困境儿童保障预案。检察官经深入调查了解，发现陈某碧并非陈某明所生，其亲生父母李某、王某十几年前从贵州来到湛江务工，夫妻二人生下陈某碧后经济困难，无奈之下将她寄养在陈某明家中。经不懈努力，检察官成功与陈某碧亲生父母取得联系，又安排陈某碧与李某、王某进行了亲子鉴定。在确认亲子关系之后，检察官多次对陈某明、李某开展思想工作，促进双方达成共识，一致同意陈某碧跟随亲生父母生活，李某向陈某明支付5万元作为经济补偿。为了避免双方日后再生争议，湛江市检察院与霞山区检察院以不公开方式联合召开听证会，邀请霞山区妇联主席、霞山区政协委员、社区干部、村委会成员、学校领导出席，见证陈某明、李某签订书面协议以及对案件处理进行评议。此外，检察官积极帮助陈某碧办理司法救助申请手续，启动国家司法救助程序，帮其渡过经济难关。最终，湛江市检察院与霞山区检察院联合开展司法救助，共计向陈某碧发放救助金8万元。

二是开展多元化帮扶工作，帮助被害人回归正常生活。正处于小学升初中关键时期的陈某碧，由于案件所带来的负面影响，其成绩迅速下降，甚至出现厌学逃课的情况。检察官多次联系陈某碧亲生父母，并进行亲子关系危机干预，在对被害人进行心理疏导缓解其负面情绪的同时，就如何应对以及化解被害人消极情绪进行深入交流。此外，检察官与陈某碧所在学校迅速联动，针对性地制定一套控辍保学方案，让陈某碧全身心投入学习，为升学做好准备。

三是持续开展跟踪回访工作，做好未成年人保护的“后半篇文章”。走出心理阴霾的陈某碧顺利参加小学毕业考试并取得良好成绩，跟随亲生父母前往贵州定居。而每一名办案人员仍牵挂着陈某碧能否适应新家庭、有否遇到新的困境难题。为此，检察官与陈某碧亲生父母保持长期联系，在得知陈某碧户籍迟迟未能从湛江市霞山区迁往贵州老家，已对其个人生活与入学带来诸多不便的情况后，以单位名义向户籍派出所发出协助函，同时指导陈某碧父母在居住地村委会开具相关证明。经过不懈努力，在2022年9月开学前为陈某碧变更户籍，使其如愿在贵州当地一所中学入学。

（三）推动政府保护、社会保护落地落实

未成年人遭受犯罪侵害，与其背后复杂的社会因素、家庭因素密切相关。应从源头开展预防工作，将个案的“点”扩展到治理的“面”，推动从源头上做好未成年人保护工作。

霞山区检察院以办案为切入点，从源头上推动加强涉及未成年人领域的社会治理，聚焦娱乐场所违法接待未成年人、旅馆酒店违规接纳未成年人、出租屋管理等重点领域，向相关职能部门发出诉前检察建议书。霞山区检察院推动大数据理念与未检工作深度融合，以办理该案为契机，对五年内所受理的未成年人被性侵害案件特点进行分析，聚焦此类案件发现、预防、治理等方面难题，总结规律并提出对策。霞山区检察院积极发扬引领作用，与霞山区妇联开展辖区内农村留守儿童调研工作，于2023年3月霞山区“两会”期间，共同提交“关爱保护农村留守儿童”主题提案。

为扩大普法覆盖面，确保乡村地区未成年人接受优质法治教育。霞山区检察院按照最高检“检爱同行——法治进乡村”系列巡讲活

动部署要求，与广东医科大学“微尘·心”公益团队携手开展“法护少年童心同行”专题普法教育活动。该活动以乡村地区未成年人为宣传对象，针对乡村留守儿童法治意识薄弱、安全知识不足、性教育缺乏等特点，引导未成年人树立法治意识、学习自我保护技能，正面引导未成年人正确认识性知识，教授必备的自我保护知识和自救技能。截至 2024 年，已在辖区内多个乡村开展普法活动，取得了良好的教育预防效果。

三、典型意义

（一）抓住未成年人受侵害案件特点，构建证据体系

未成年人被侵害案件往往存在案发隐秘、客观证据少，且犯罪嫌疑人、被告人“零口供”等特征。办理此类案件应充分把握性侵害未成年人案件特点，以未成年被害人陈述为中心，全面收集证据，通过与证人证言等证据的印证，加强对未成年被害人陈述真实性的审查，建立证据锁链，排除合理怀疑，形成内心确认，得出确定、唯一的结论。

（二）结合客观实际，为未成年被害人提供心理疏导、危机干预、家庭指导、助学帮扶、司法救助等多元化、全方位保护

办理涉未成年人案件，对内协调各职能部门，对外联动行政机关、企事业单位和人民团体，依法融合履职，系统维护未成年人合法权益，将“未成年人利益最大化”落到实处。检察机关应以司法办案为中心，将大数据理念、方法充分运用到未成年人检察履职过程中，通过检察司法保护最大限度助推未成年人其他“五大保护”落地见效，促进社会治理现代化，做到“治罪”与“治理”并重，以高质量检察履职推进检察工作现代化。

办案札记

张某性侵害未成年人犯罪无罪抗诉案件办案手记

韩晓静*

一、基本案情

被告人张某，男，汉族，作案时60周岁，初中文化，系打工人员。

被害人小华（化名，女）年幼时父亲去世，母亲李某从事保洁工作。2019年下半年，与母女同住一小区的邻居张某因帮助李某维修家中物品而结识李某，进而与被害人小华（11周岁）相识，互为微信好友并保持联系。张某在明知小华未满14周岁的情况下，趁其母亲李某经常外出务工不在家中，多次在自己以及小华家中，与小华发生性关系，并以给予小华零花钱、零食等方式达到哄骗、维护“关系”的目的，长期、多次强奸小华。

2021年2月至4月，与被害人小华为叔侄关系的王某（63周岁），在明知小华未满14周岁的情况下，与小华长期、多次发生性关系，致小华怀孕。后小华行引产手术。

二、诉讼过程

鄂尔多斯市公安局东胜分局于2021年7月29日以张某、王某涉

* 韩晓静，内蒙古自治区鄂尔多斯市人民检察院第八检察部主任、四级高级检察官。

嫌强奸罪向鄂尔多斯市东胜区检察院移送审查起诉，东胜区检察院经审查认为张某、王某的行为构成强奸罪，并于同年 8 月 26 日向鄂尔多斯市东胜区法院提起公诉。

东胜区法院经审理认为，王某多次与未满 14 周岁的被害人发生性关系，其行为已构成强奸罪，情节恶劣，后果严重，依法判处其有期徒刑 10 年 6 个月；张某涉嫌强奸罪的犯罪事实不清、证据不足，其多次给小华零花钱款项不能印证其与被害人多次发生性关系的事实，无法排除合理怀疑，判处张某无罪。

2022 年 3 月 16 日，东胜区检察院以一审判决认定张某无罪的事实认定错误、证据采纳错误为由，向鄂尔多斯市中级法院提出抗诉。鄂尔多斯市检察院出庭支持抗诉。鄂尔多斯市中级人民法院采纳抗诉意见，认为被害人作为不满 14 周岁的未成年人，其关于张某犯罪行为的陈述稳定，合乎情理、逻辑，对细节的描述符合其认知和表达能力，其中关于原审被告人张某通过微信主动与其联系，多次微信转账或给其现金等事实，对张某住所环境以及平时穿着和贴身衣物的描述，均有在案物证、现场勘验笔录以及微信聊天、转账记录等客观证据予以佐证，可信度较高。原审被告人张某具备作案的空间条件，对被害人不满 14 周岁属于明知，其辩解缺乏证据支持。被害人母亲在偶然情况下发现被害人怀孕后报案，案件侦破经过符合常理。综上，认定张某犯强奸罪，判处其有期徒刑 6 年。

三、办案体会

（一）全面审查证据

一是跳出一审已经梳理的证据，重新全面审查证据。二审承办人跳出以一审证据审查为基础的圈子，重新对在案证据进行审查。通过阅卷，梳理了被害人陈述与其他证据的矛盾点、印证点，被告人供述与其他证据的印证点、矛盾点，在案人员关系图，微信红包、二维码转账支付记录，手机通话、微信聊天记录、手机内存储的图片和通话记录、通话录音等。

二是二审承办人通过审查电子证据，梳理出疑点和问题，遂要求公安机关继续调取相关证据。具体涉及以下内容：

1. 针对被害人遭受张某性侵害持续较长时间，性侵害的具体时间和次数无法确定。根据被告人供述、被害人陈述、证人证言，提及第一次性侵害发生的时间，就是张某赴被害人家中教被害人母亲通过手机缴纳水费的当日。基于此情况，要求公安机关调取张某、被害人、母亲李某微信账单，并扩大提取的时间范围。

2. 根据在案证据发现，张某与被害人微信、电话频繁联系的前后，微信账单上有诸多药店消费记录。根据此线索，建议公安机关对照账单记录调取相应药店的销售记录，以印证发生性关系前后被告人购买避孕药品、用品。

3. 经翻阅张某手机内所有能够提取的记录发现，张某在有家室的情况下与多人发生性关系。这一情况虽然不是证明张某侵害小华的直接证据，但作为品格证据，进一步佐证了本案案件事实。

4. 电子证据显示张某与微信昵称“春暖花开”的女子的聊天记录，显示该女子为卖淫女，租住在张某的平房，并在租房处从事卖淫活动，张某对此明知，有容留卖淫嫌疑，遂将该线索移送公安机关。

（二）全面了解情况，寻找印证

一是专门将被害人与法定代理人分开询问，邀请合适成年人在场。未成年人刑事案件中，询问、讯问未成年人均要求其法定代理人在场，但在部分案件中，特别是未成年人性侵害案件中，法定代理人在场可能会影响涉案未成年人的供述或者陈述。加之，本案一审期间，被害人陈述存在反复，特别是关于其他相关的证言前后存在矛盾，直接导致一审法院对被害人陈述的真实性存疑，进而对张某作出无罪判决。为更好地指控犯罪，有力震慑性侵害未成年人犯罪分子，切实保护未成年人合法权益，在二审期间二审承办人专门分别询问了被害人及其法定代理人。针对被害人提到的一些细节，比如佛像、背心等情况进行固定，并请公安机关继续核实。

二是询问被害人的母亲，着重了解一审判决提到的被害人陈述不稳定的情况。经了解，被害人的母亲陈述其发现孩子怀孕后，先与张某对质，后报警处理。但报警后发生的事情超出了她的预料，孩子的大伯也牵扯其中。同时，公安机关多次取证、辨认等情况，也让她觉得这样的调查会让孩子被侵害这件事人尽皆知。被害人的母亲反复向孩子灌输调查行为可能会把这件不好的事情搞得沸沸扬扬，导致了后续被害人的陈述出现反复。

三是讯问被告人，重点突破其供述和辩解的不合理性。经历了侦查、审查起诉、一审开庭等各个环节，最终获得一审法院的无罪判决，无论是被告人还是其辩护人都绝不会承认或坚决闭口不提。针对此种情况，二审承办人采取先讯问无关紧要的问题，让其放松警惕，再通过设置问题，用其回答攻破其一审辩解的不合理性。

（三）全面沟通，形成牢固的内心确认

与一审检察机关承办人沟通，逐一分析一审作出无罪判决的理由。

1. 法院认为：本案缺乏直接证据证明张某与被害人发生性关系，且在案的其他证据与被害人陈述也无法形成完整的证据链、排除合理怀疑。根据被害人及被告人张某的微信聊天记录、微信转账记录、通话记录、被害人母亲李某的证言、张某的供述，虽然可以证实被告人张某与被害人有联系且向被害人微信转账，同时也证实被告人与被害人母亲曾发生过性关系，但无法证实转账行为与强奸有直接关系，张某转账的目的是诱使被害人与其发生性关系还是张某基于被害人母亲的特殊关系而转账，也无法排除合理怀疑。

检察机关认为，张某与李某发生性关系，两个当事人表述得很清楚，两人并不存在情感上的纠葛。如果被告人是基于与被害人的母亲发生过性关系而给予被害人钱财，按常理不应该避开她，并且嘱咐被害人不要告诉其母亲。所以，只能得出一个结论，那就是被害人所讲，在熟人基础上，被告人通过钱财引诱被害人与其发生性关系，并在发生性关系前后给予各种小恩小惠，达到稳住被害人、掩人耳目、长期侵害的目的。

2. 法院认为：被害人对张某内裤的辨认，结合被害人母亲李某的证言，李某多次带被害人前往被告人张某的家中，不能排除被害人在其家中见过张某内裤的合理怀疑。

检察机关认为，被害人陈述其和张某发生性关系时，见过张某穿的一条黑灰色的内裤，并对此进行准确辨认。被害人母亲李某证实母女二人在前往被告人家中时，没有见到过被告人的内裤。内裤属隐私物品，一般情况下不可能被前去做客的客人看到；且男士内裤不像其他风格别致、色彩鲜艳的东西可以引起被害人的兴趣，进而形成深刻的印象。其母亲李某作为一个跟张某发生过性关系的成年人，完全不知晓被告人的内裤颜色和样式，而被害人作为不满 14 周岁的幼女，正是由于与被告人多次发生性关系，多次亲密接触，才能知悉被告人内裤款式，并在案发后 3 个多月仍能准确辨认。法院提出的，被害人因去过几次被告人家中就能知悉其内裤款式，不属于合理怀疑的范畴。

（四）延伸工作，帮助被害人逐步走出阴霾

一是心理疏导方面。本案被害人因长期遭到性侵而产生了较为严重的心理问题，东胜区检察院通过该院设立的秦博士未成年人观护工作站，对被害人进行了心理测评及心理疏导。经多次心理疏导，被害人情绪明显好转。

二是司法救助方面。通过实地走访被害人母亲，了解核实其家庭

生活困难、获得救助等情况，认为被害人符合相关司法救助条件，遂启动了国家司法救助程序，向被害人发放国家司法救助金 2 万元。同时，针对被害人与被告人系邻居的实际情况，检察机关与住建部门协调，帮助母女二人调整了公租房住址，为被害人走出阴霾创造了更好的外部条件。

三是督促监护方面。在办案中，检察机关了解到被害人母亲对被害人存在疏于管理、缺乏关心等问题，在对被害人进行心理疏导的同时，要求其母亲深刻反思家庭教育方式，避免再次出现疏于管教的情形，重新建立亲密的亲子关系。

四是推动社会治理方面。通过个案，检察机关对近五年的性侵害未成年人案件形成了专项调研分析报告，并向党委、政府及相关部门进行检察情况反映。同时，针对性侵害案件的证据审查，形成专项调研课题，且在最高检立项并审结。